南京地标

旷世城垣——南京明城墙

朱明娥◎著

南京出版传媒集团 南京出版社

图书在版编目（CIP）数据

旷世城垣：南京明城墙 / 朱明娥著. -- 南京：南京出版社，2018.1
（南京地标）
ISBN 978-7-5533-2019-9

Ⅰ. ①旷… Ⅱ. ①朱… Ⅲ. ①城墙—文化遗址—中国
Ⅳ. ①K878.3

中国版本图书馆CIP数据核字（2017）第287743号

丛 书 名： 南京地标
丛书主编： 曹路宝
书　　名： 旷世城垣——南京明城墙
作　　者： 朱明娥
出版发行： 南京出版传媒集团
南 京 出 版 社
社址：南京市太平门街53号　　邮编：210016
网址：http://www.njcbs.cn　　电子信箱：njcbs1988@163.com
联系电话：025-83283893、83283864（营销）　025-83112257（编务）

出 版 人： 朱同芳
出 品 人： 卢海鸣
责任编辑： 徐　智
装帧设计： 王　俊
责任印制： 杨福彬

制　　版： 南京新华丰制版有限公司
印　　刷： 南京凯德印刷有限公司
开　　本： 787毫米×1092毫米　1/32
印　　张： 6.5
字　　数： 110千
版　　次： 2018年1月第1版
印　　次： 2024年1月第3次印刷
书　　号： ISBN 978-7-5533-2019-9
定　　价： 22.00元

上架建议：旅游 · 历史

总 序

古今中外，任何一座具有鲜明特色和独特文化的城市，无不存在着若干彰显城市特征、气质和精神的“地标”。这些有形的地标，与城市一同孕育成长、发展壮大，在城市肌体上“自然生长”，与凝结于其中的人和事一道，共同塑造出城市的文化和品格。

南京是举世闻名的历史文化名城，人类文明可追溯到遥远的史前时代。自周元王四年（公元前 472 年）建城开始，至今已近 2500 年。在漫长的发展过程中，自然与人文的有机结合，山川与人物的完美邂逅，景观与文采的虚实建构，使得各个时期的南京都曾产生过地标。这些散布全城的地标，或是一条河流，或是一个湖泊，或是一处古遗迹，或是一座古建筑，它们是这座古城悠久历史和文化内涵的注脚。秦淮河流淌的千年烟雨，明城墙绵延的百里沧桑，大报恩寺辉映的佛光刹影，总统府见证的时代更迭……无不记录了南京的兴衰变迁和悠悠记忆。偌大的南京城中，生于斯长于斯的人们也时刻感受着不同地标带来的魅力。

城南人熟知夫子庙的俚俗繁华，城北人醉心于玄武湖的平静舒展，城西人惯于徜徉在石头城外的莫愁湖边，城东人则钟情于紫金山的雄伟豪迈。正是由于这些地标的存在，南京被赋予了诸多耳熟能详的称谓——龙盘虎踞、中华佛都、天下文枢、胜利之城……而这些称谓，正是南京城市文化的标签和名片。

文化是一座城市的灵魂，体现着城市的软实力。作为城市文化载体的南京地标，很早便引起了人们的关注。明清以至民国的多部金陵老风景画，多以其时地标为描绘对象，可以称得上是对当时南京地标的“检阅”。在建设“强富美高”新南京的今天，随着在优秀文化传承创新、文化产业跨越发展、文化加快“走出去”等方面持续发力，南京奏响了文化强音，城市文化建设迈上了新台阶。在这样的背景下，为了树立崭新的城市形象，塑造有品格、有内涵的现代都市，让全国乃至世界读懂南京、热爱南京，从一个崭新的角度展现南京的魅力，我们推出了这套“南京地标”丛书。丛书以图文并茂、专题叙述的方式，讲述这些地标的前世今生、建筑特征、文化内涵和遗产价值等，力争成为人们品味南京文化的又一力作。同时，希望丛书的出版，能成为这些地标的精品宣传册，以便利海内外游客的造访。

丛书编委会

序 言

蒋赞初

明清时期，我国曾经建造过2000座以上带有砖结构城墙的城市。经过数百年来雨雪风霜的“洗礼”和战火兵燹的毁坏，大多数城墙都已经化为历史的尘埃，名存实亡，至今仅保存下来不到20座城墙，让我们仍能想见当年的辉煌和荣光，其中南京明城墙堪称是中国明清城墙保存下来的代表作。

南京明城墙依山傍水、因形随势而建，蜿蜒起伏于自然山水之间。无论是在墙体结构、城砖制作、黏合剂使用、瓮城构建、防水排水系统设计、护城河水源利用，还是在平面布局、皇宫选址、外郭建造等方面，都充分展示了我国古代劳动人民的聪明才智，达到了前所未有的高度，取得了令人瞩目的成就。它是我国目前保存最完整的古城墙之一，也是世界上现存规模最大的古代都城城墙。英国著名科技史专家李约瑟在

《中国科学文明史》一书中赞美道：“中国的那些发明和发现远远超过同时代的欧洲，特别是在15世纪之前更是如此。”

南京明城墙因山为城，因水为池，其规模之巨、体量之大、设计之新、布局之奇、形状之特、构造之巧、建筑之雄、材料之精、设防之严、内涵之丰，令人叹为观止！它是明代政治家、军事家、风水师和能工巧匠们集体智慧和血汗的结晶，是人类巧夺天工的杰作，是时代发展的标志，更是历史的见证物，具有极其重要的历史、科技和艺术价值。

南京明城墙环绕的地域，数百年来，历经时代变迁，至今仍焕发着勃勃生机。巍峨壮观的南京明城墙自建成之日起，就是南京的独特地标和文化名片，如今以江苏“南京城墙”为核心的“中国明清城墙”联合“申遗”工作正在有序推进，此时此刻，我的学生朱明娥研究员结合自己的多年工作经历和研究成果精心撰写的这部作品，集实地调查与文献研究于一体，熔科学性、知识性和趣味性于一炉，可谓是助力南京明城墙“申遗”的一部力作，故乐于为之序。

2017年10月于金陵之南秀村　时年90岁

（作者系南京大学人文社科荣誉资深教授、著名南京地方史专家）

目 录

举世无双的四重城垣

公元 1368 年，朱元璋在应天府称帝，改应天府为南京，年号为洪武，建立大明王朝。

南京自公元 229 年吴大帝孙权定都以来，先后有东晋、刘宋、萧齐、梁、陈和南唐在此定都，但无一例外都是地区性的王朝或政权。明朝定都南京，打破了以往的先例，成为建都南京的第一个统一王朝，明太祖朱元璋、建文帝朱允炆、成祖朱棣相继以南京为都，历时达 54 年。1421 年明成祖朱棣迁都北京后，南京成为留都，又称南都、南中，其地位仅次于北京。有明一代，南京经济繁荣，文化昌盛，对外交流频繁。

早在元顺帝至正十六年（1356），朱元璋攻占江南重镇集庆路（今江苏南京），改名应天府，采纳高级幕僚、大学者朱升提出的“高筑墙，广积粮，缓称王”的建议，经过十年的积蓄力量，于1366年开始兴建宫城。与此同时，又开始扩建应天府城。1368年朱元璋定鼎南京后，大规模建设都城。为了将南京建造成天下第一名都，朱元璋下令征调全国各地工匠、人夫（普通百姓）和罪犯进京筑城，人数达数百万之众。他还下令南直隶（包括今江苏、安徽）、江西行省、湖广行省（包括今湖北、湖南）的地方政府，以及驻扎在京城内外的军队卫所、中央工部等衙门和系统，按照生产责任制烧制城砖。南京城墙从1366年兴建，至1393年为止，四重城垣才陆

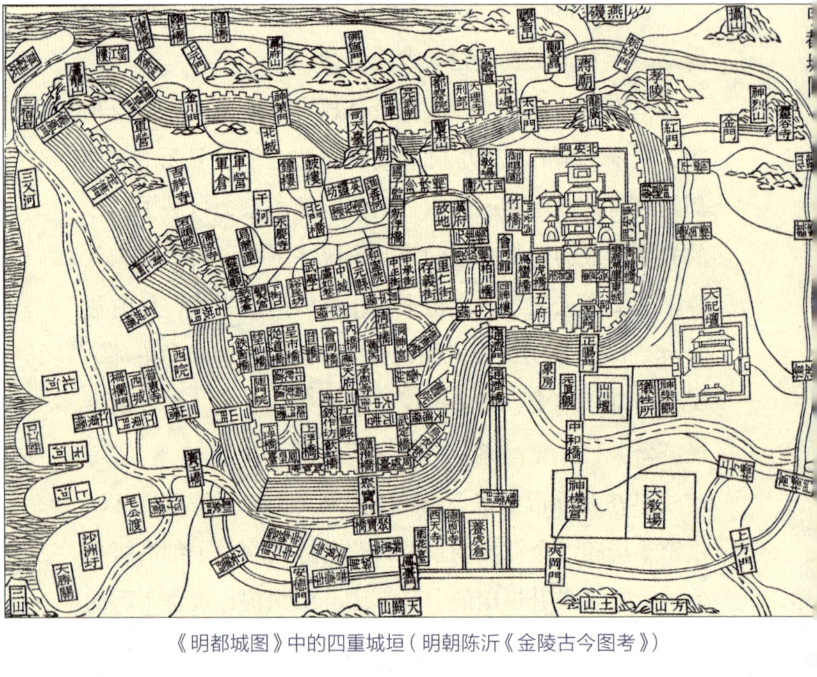

《明都城图》中的四重城垣（明朝陈沂《金陵古今图考》）

续竣工，前后耗时达28年之久。

明朝南京城从内到外，由宫城、皇城、京城、外郭四重城桓构成。

宫城

俗称紫禁城，又称大内，位于京城东隅和皇城的中部。始建于元至正二十六年（1366），竣工于吴王元年（1367）。洪武八年（1375）至十年（1375）改建。改建后的宫城，规模更加宏大。

宫城是南京城四重城垣中最里的一重，也是最核心部分。由于是填平燕雀湖（今前湖是其剩余下来的一部分）而建，因此地势南高北低。

宫城平面呈正方形，东西宽0.75公里，南北长0.95公里，周长3.4公里。辟有六门：南面三门分别为左掖门、午门、右掖门，其余三面各辟一门——东曰东华门，西曰西华门，北曰玄武门（后改为厚载门，今后宰门一名由此而来）。宫城周围有护城河环绕。

宫城坐北朝南，建筑群可分为三部分：

第一部分是中轴线上的建筑群。宫城中轴线上由南向北依次是午门、奉天门、“前朝”三大殿——奉天殿、华盖殿、谨身殿，以及“后寝”（又称后廷）两宫——乾清宫、坤宁宫。“前朝”是皇帝处理朝政、接待中外

明故宫午门

使节朝觐、大宴宾客、策试会试举人的场所；“后寝”（又称后廷）及左右附属建筑是皇后和皇室成员、侍从聚会、宴饮、居住、学习和游憩的场所。两者组合起来，称为“朝廷”。

第二部分是东部建筑群。中轴线东侧由南至北依次是文华殿、奉先殿和柔仪殿。其中文华殿是东宫太子处理政务、宴饮国戚及东宫官属之所，奉先殿是供奉和祭祀皇室祖先之所，柔仪殿是妃嫔居处之所。

明故宫午门内景

第三部分是西部建筑群。中轴线西侧由南至北依次是武英殿、春和殿。其中，武英殿是皇帝斋戒时居住的地方，春和殿是妃嫔居住的地方。

这种建筑格局，不仅是明朝中都临濠（今安徽凤阳）宫城的范本，也是明清北京紫禁城的蓝本。据《明太宗实录》卷 323 记载：永乐十八年（1420），“营建北京，凡庙社、坛场、宫殿、门阙，规制悉如南京，而高畅壮丽过之”。

今日南京的明故宫，就是当年的皇城和宫城旧址所在地。从残存的午门、西安门、东华门、内五龙桥以及散落在皇宫旧址上的大量石柱础和建筑构件，我们不难想象当年明朝宫殿的辉煌和壮丽。

明故宫遗址今貌

皇城

位于京城东部，环绕在宫城之外，北枕钟山支脉富贵山，南临秦淮河。既有水运之便，又与前朝（南唐与宋元）旧城紧密相连，各方面都很理想，也合乎风水家所提倡的阳宅必须“背山、面水、向阳”的模式，唯一的缺点是地势低洼。

皇城坐北朝南，平面呈倒“凸”字形。东西宽2公里，南北长2.5公里，周长约9公里。周围有御河环绕。它

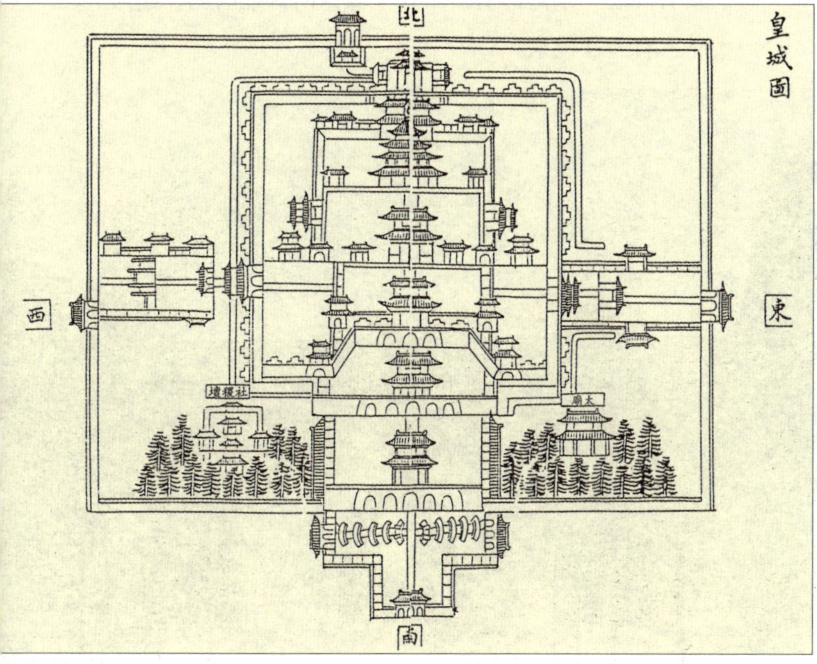

明朝皇城图（明朝礼部《洪武京城图志》）

与宫城合称为“皇宫”。

皇城的建设略晚于宫城。据《明太祖实录》卷223记载：洪武二十五年（1392），“是岁，建端门、承天门楼各五门，复于承天门外建长安东西二门”。

皇城辟有六门：南为长安左门、洪武门、长安右门，东为东安门，西为西安门，北为北安门。这六门分别与宫城的六座城门相对。同时，洪武门与北面的宫城午门、南面的京城正阳门，处在同一条中轴线上，构成明朝南京城的御道（今御道街）。在皇城内的御道两侧，左为太庙，右为社稷坛。

明故宫西安门

明都北京紫禁城就是模仿南京皇城和宫城而建。南京明皇城现在仅有西安门和城门外护城河上的玄津桥保存了下来。

京城

又称京师城垣、里城、内郭、内城，建于1366—1393年间，周长“九十六里”（实测全长35.267公里）。据洪武三十一年（1398）九月敕修的《明太祖实录》卷21记载：“丙午八月庚戌朔，拓建康城。”“丙午八月庚戌朔”，即1366年9月5日。据明朝李东阳（1447—1516）等人编纂的《大明会典》卷187记载：“京师城垣，洪武二十六年（1393）定……城周围九十六里，门十三，曰：正阳、通济、聚宝、三山、石城、清凉、定淮、仪凤、钟阜、金川、神策、太平、朝阳。”

南京京城城墙突破了中国古代城墙通常为方形或矩形的传统规制，按照山丘、湖泊、河流的地理形势，从防御的需要，因形随势而建，呈西北角伸出而南部凸出的不规则状。南北长约10公里，东西长约5.5公里。东北近钟山西南麓，与前湖、琵琶湖相邻；北面紧邻玄武湖，将覆舟山（小九华山）、鸡笼山全部包进城内；西面和西北角几乎伸到长江边，将石头山、乌龙潭、狮子山、四望山、马鞍山纳入城中；南面将秦淮河包进城

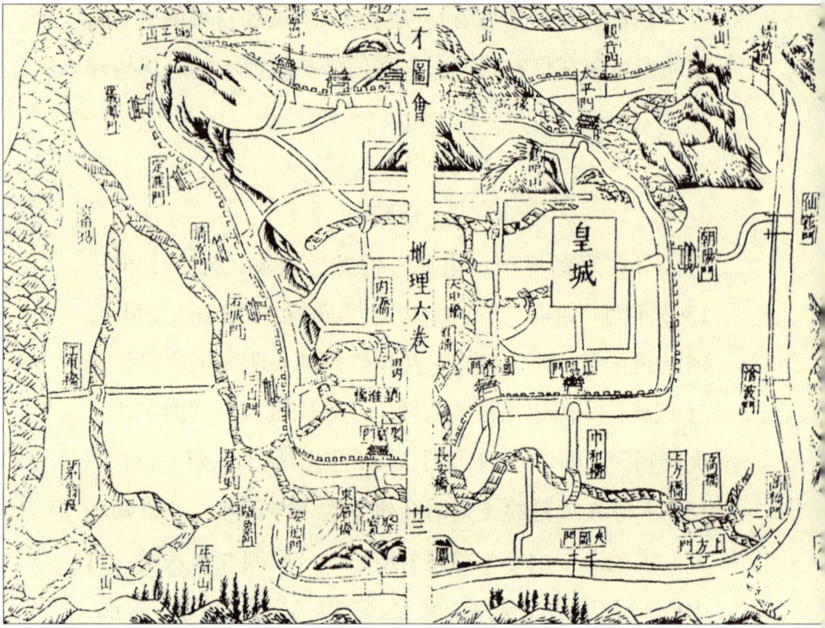

《应天京城图》中的京城城墙（明朝王圻、王思义《三才图会》）

内。它将六朝建康城、南唐金陵城、宋代建康府城、元代集庆路城全部涵盖进来，成为南京历史上规模最大、建筑最为坚固的城墙。我们今天在南京所见到的城墙，就是明朝南京京城城墙。

外郭

又叫外城，俗称土城、土城头。据《明太祖实录》记载：“洪武二十三年四月庚子，置京师外城门。”外郭城墙始建于洪武二十三年（1390），至于外郭城墙的竣工时间，史无记载。

建造外郭的目的，就是为了加强南京的军事防御。外郭环绕在京城周围，规模宏大，周长号称“一百八十里”，实际约为60公里。它是利用京城外围的天然岗垄建造而成，平面形状大致呈菱形。据明朝陈沂（1469—1538）《金陵古今图考·国朝都城图考》记载：“外郭西北据山带江，东南阻山控野……周一百八十里。”它将幕府山、雨花台、紫金山等重要山丘以及秦淮河、金川河、玄武湖、莫愁湖等重要水域，甚至大片的农田全都囊括在内。外郭城墙在大多数地方都是依据自然山丘地形用土垒成，只有在具有标志意义的城门位置才用砖石垒砌，所以俗称土城、土城头。《明太祖实录》卷208记载：洪武二十四年（1391），“应天府江宁县沙州乡修筑土城”，就是明证。

据《洪武京城图志》记载，外郭最初辟有16座城门：南有上方门、夹冈门、凤台门、大安德门、小安德门、大驯象门、小驯象门7门，东有姚坊门、仙鹤门、麒麟门、沧波门、高桥门5门，西有江东门1门，北有佛宁门、上元门、观音门3门。其中，小驯象门实际上并未开辟。

明朝中晚期，又在北面、西面和南面，分别增辟了外金川门、石城关城门和双桥门，自此，外郭城门增加到 18 座。

据明朝万历年间徐必达、施沛等人修纂的《南京都察院志》卷 24《职掌十七》记载：“外十八门关，设有字号鱼尾令牌二面，收贮在门。江东、驯象、安德大小、凤台、双桥、夹冈、上坊、高桥门，并小水关、石城关，隶于留守前卫；沧波、麒麟、仙鹤、姚坊、观音、佛宁、上元、外金川门，隶于留守后卫。”明朝的外十八城门由南到北依次是：南有上方门、夹冈门、双

观音门（门正中远景是燕子矶）旧影

外郭麒麟门北侧城墙遗址

桥门、凤台门、大安德门、小安德门、驯象门 7 门，西有江东门、石城关（即栅栏门）2 门，东有姚坊门、仙鹤门、麒麟门、沧波门、高桥门 5 门，北有外金川门、佛宁门、上元门、观音门 4 门。

时至今日，外郭城门无一保存下来，但在麒麟门至仙鹤门等地还可以依稀看到当年的城垣遗迹，外郭城门的名称更是被普遍作为地名沿用至今。

明朝南京城由内到外的四重城垣构造，不仅体现了南京至高无上的国都地位，而且在中外都城建设史上也是一个创举。

独一无二的平面轮廓

南京城墙（指京城城墙）地处东经118度22分至119度14分、北纬30度14分至32度36分之间，东至钟山余脉，北临玄武湖，西抵石头城，南近聚宝山（今雨花台），蜿蜒曲折，周长“九十六里”（约35.267公里）。《金陵古今图考·国朝都城图考》对此有一段详细的记载：“东尽钟山之南冈，北据山控湖，西阻石头，南临聚宝，贯秦淮于内外。横缩屈曲，计周九十六里。”

南京城墙平面布局突破我国都城中规中矩的传统模式，从军事防御需要出发，依山傍水、因形随势而建，因地制宜，使城墙穿插在自然山水之间，蜿蜒起伏，令人称奇。国家文物局古建筑专家组原组长、中国文物学会原会长罗哲文先生称赞它是“中国筑城史上成熟时期的杰作……其建造结构及特点与南京地形、地貌有很大关系，是在传统筑城技术基础上又有创新并与南京实地完美结合的产物”。

南京城墙奇特的平面轮廓，引起了世人的浓厚兴趣，产生了多种有趣的说法。

在1853—1864年太平天国定都南京期间，英国将领吴士礼曾于1861年3月短暂探访天京（今江苏南京）。他在回国后出版的《1860年对华战争纪事》中写道，南京“城的形状接近三角形，其尖端伸向长江”。

1993年11月南京出版社出版的季士家先生的专著《明清史论集》认为，南京城墙“其形状，呈非方、非圆的不规则的多角不等边的粽子形”。

2002年1月南京出版社出版的杨国庆先生的专著《南京明代城墙》认为，南京明城墙的设计与中国古代“堪舆术”有关，其整体布局为天象的“南斗星”与“北斗星”聚合形。从南京城墙东南角的通济门至西北角的钟阜门与仪凤门（今兴中门）之间做一划分，南为“南斗六星”，北为“北斗七星”。“南斗星”的六颗星座，以聚宝门（今中华门）、三山门（今水西门）、清凉门、石城门（汉西门，在今汉中门广场中央）、定淮门、仪凤门六座城门隐喻；“北斗星”的七颗星座，以通济门、正阳门（今光华门）、朝阳门（今中山门）、太平门、神策门（今和平门）、金川门和钟阜门七座城门隐喻。

南京主城区平面图仿佛朱元璋的一张脸

此外，原南京市城乡建设委员会的姚禹谟先生认为，南京城墙平面形状是“宝葫芦”形；原江苏省建设厅的张泉先生认为，南京城墙平面形状是“宫扇”形。

还有专家从南京城垣的建造者刘基信奉道教，因道教以壶天、壶中为圣地，以壶公为神仙，故而认为南京城墙的建造体现了道教思想，呈现“壶形”。（南京市明城垣史博物馆陈列研究部《南京城墙之谜》，1998年印制）

近年来，有一些南京市民认为，南京明城墙的平面轮廓就像明太祖朱元璋的一张脸，整个明城墙就是按照朱元璋侧面头像建造而成的。其中钟阜门至仪凤门（今兴中门）一段，就像是朱元璋头上帽子的隆起部分；仪凤门（今兴中门）到石城门（汉西门，今汉中门广场中央）一段，就像是朱元璋的后脑勺；而沿着玄武湖的神策门（今和平门）至太平门段城墙，就像是朱元璋深陷的眼窝，风光旖旎的玄武湖就像是朱元璋水汪汪的大眼睛；太平门至朝阳门（今中山门）一段，就像是朱元璋的鼻子和嘴巴，富贵山隧道部分构成了朱元璋的鼻子，前湖段城墙构成了朱元璋撅起的嘴巴；朝阳门（今中山门）至正阳门（今光华门）再到通济门一段，就像是朱元璋的下巴；通济门至聚宝门（今中华门）再到三山门（水西门）、石城门（今汉中门广场中央）一段城墙，就像

明太祖朱元璋像

是朱元璋的颈项。

上述各种说法都有一定的道理，但其中最具人气的说法无疑是南京城墙平面轮廓宛若朱元璋的一张脸。尽管这种说法有牵强附会的成分，但却给南京明城墙平添了几分神秘色彩。

鬼脸城

与此相近的隐喻，还有传说中的南京城西六朝石头城，又名鬼脸城，就是因其外形酷似一张鬼脸而得名。至今在南京城西秦淮河畔石头城遗址公园里的城墙上，还有一张由天然山岩形成的“鬼脸”，泛红的脸庞，硕大无朋，凸出于明城墙表面，悬挂在半空之中，给每一位前来的游客留下极其深刻的印象和难忘的回忆。

“里城门十三，外城门十八”

关于明代南京城墙的城门，在清朝吴敬梓《儒林外史》第24回中有这样一段精彩的描述：

这南京乃是太祖皇帝建都的所在，里城门十三，外城门十八，穿城四十里，沿城一转足有一百二十多里。城里几十条大街，几百条小巷，都是人烟凑集，金粉楼台。

书中提到的“里城门十三，外城门十八”，南京民间简称为“里十三，外十八”（明朝顾起元《客座赘语》卷6《外郭门》）。其中，“里城门十三”指的是京城城门，“外城门十八”指的是外郭城门。

“里城门十三”

南京城墙（指京城城墙）建于1366—1393年间，周长“九十六里”（实测全长35.267公里）。依山傍水而建，平面呈不规则状，气势恢宏，巍峨壮观。意大利传教士利玛窦（1552—1610）在《利玛窦中国札记》中对京城城墙是这样描述的：“第二重墙包围着包括皇宫在内的内墙，囊括了该城的大部分重要区域。它有十二座门（笔者按：应为13座门），门包以铁皮，门内有大炮守卫。这重高墙四周差不多有十八意大利里。”

明朝政府根据南京城的地理形势和整体布局，在京城城墙东、西、南、北四面共辟有13座城门，每座城门都建有规模大小不一的城楼，有的还设有内瓮城或外瓮城。每座城门均设木质包铁的双扉城门和上下启闭的闸门（俗称千斤闸）各一道。13座城门的具体分布情况是：

南面正阳门、通济门、聚宝门，西面三山门、石城门、清凉门、定淮门、仪凤门，北面钟阜门、金川门、神策门、太平门，东面朝阳门。

关于13座城门，明清以来，南京民间流传着这样一首民谣：“神策金川近钟阜，仪凤定淮清石城，三山聚宝连通济，正阳朝阳定太平。”这首民谣将13座城门自北向南、自西向东按逆时针方向串联起来，读起来

正阳门旧影

通济门旧影

聚宝门旧影

清朝王翚《康熙南巡图》中的旱西门（石城门）

清凉门旧影

定淮门旧影

仪凤门旧影

太平门旧影

朝阳门旧影

朗朗上口，记起来轻松自然。明朝的 13 座城门中，除了石城门、三山门、聚宝门分别沿袭了南唐都城的大西门、水西门和南门旧址外，其余 10 座城门都是明朝时期新建的。为了加强城门的防御，明朝政府在 13 座城门设置了 13 个千户所，各有士兵 1200 人，设正、副千户各一员。

明朝京城 13 座城门历经 600 多年风雨，目前仅有聚宝门（今中华门）、石城门（位于今汉中门广场中央）、神策门（今和平门）、清凉门四座城门保存较好，其余均荡然无存。

时至今日，南京民间还流传着这样一首民谣："城门城门几丈高，三十六丈高。骑花马，带把刀，城门底下走一遭。"至于南京城门是不是"三十六丈高"并不重要，重要的是，南京城门历经600余年，在南京人心目中仍占有重要的地位。

"外城门十八"

据《明太祖实录》记载："洪武二十三年四月庚子，置京师外城门。"即明朝洪武二十三年（1390），为了加强首都南京的防御，明太祖朱元璋下令在京城外围建造南京都城的第四重城墙——外郭。外郭周长"一百八十里"（实际约60公里），西北据山襟江，东南阻山带岗，逶迤曲折，形成一个不规则的圆环。前文已述，它将幕府山、狮子山、清凉山、四望山、马鞍山、雨花台、紫金山等重要山丘，以及秦淮河、金川河、玄武湖、莫愁湖等重要水域，甚至大片的农田全都包罗在内，同时还将太平门外的刑部、大理寺、都察院等中央机构包罗在内。外郭城墙在大多数地方都是依据自然山丘地形用土夯筑垒砌而成，只有在重要的具有标志性的城门位置才用砖石砌筑，所以南京的外郭俗称"土城头"。据明朝马生龙《凤凰台记事》记载："又于城外起土城，以为不测屯守之计。"据民国孙濬源、江庆沅编辑的乡土教材《江宁县乡土志》（中华书局 1916 年 6 月版）记载：“（外郭）基址久夷，今惟土阜络绎，俗犹呼为‘土城头’云。”

外郭城墙环绕在京城周围，规模宏大。意大利传教士利玛窦在《利玛窦中国札记》中描述道：“第三重和

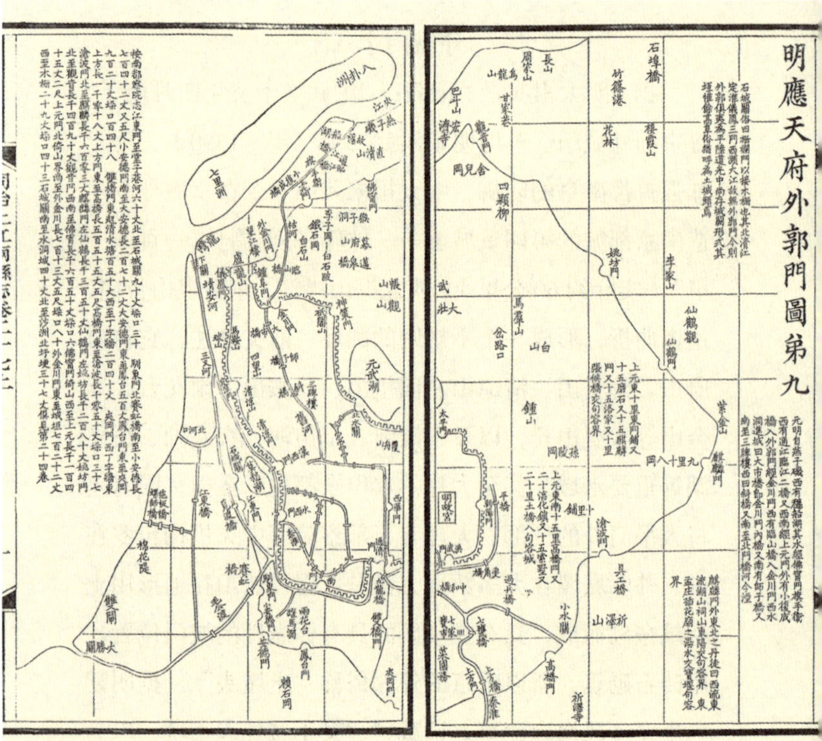

清朝《同治上江两县志》卷 27 上《明应天府外郭门图》

最外层的墙是不连续的。有些被认为是危险的地点，他们很科学的利用了天然防御。很难确定这重墙四周的全长。当地人讲了一个故事：两个人从城的相反两方骑马相对而行，花了一整天时间才遇到一起。这座墙将可提供该城如何庞大的一个概念。这重墙内，有广阔的园林、山和树林，交叉着湖泊，然而城中居民区仍然占有它的绝大部分。如果不是目睹，人们简直难以相信它，然而仅仅该城的警卫就有四万名士兵。”

关于外郭城墙的修建原因，南京民间流传着这样一个动人的传说：

相传当年南京城修好后，朱元璋颇为得意。有一天，他带着马娘娘和众皇子登上紫金山，欣赏他的杰作。在山顶上，第四子朱棣信口说道：“紫金山上架大炮，炮炮打到紫禁城。” 朱元璋听后，脸色变得十分阴沉，默不作声剥了个橘子递给朱棣。回宫后，马娘娘交给朱棣一个包裹，对朱棣说：“今天你揭穿了父皇的秘密，父皇给你橘子吃的意思是要扒你的皮抽你的筋，赶紧逃命去吧！”就这样朱棣逃到了北京。而朱元璋见朱棣走了，也就不再追究。他左思右想，觉得朱棣说的在理，于是下令修筑了外郭城墙，将紫金山包进城内。

姑且不论这则传说的真实性如何，从中我们不难看出朱元璋修筑外郭城墙，主要是出于军事防御目的。

南京外郭城墙的平面布局突破了我国都城传统的方正形状，而是从军事防御的需要出发，因地制宜，使城墙蜿蜒在自然山水之间，所以呈现出不规则的菱形。

关于外郭城门的数量和名称，史料记载不一。

成书于洪武二十八年（1395）的《洪武京城图志》一书记载的外郭城门有16个，即沧波、高桥、上方、夹冈、凤台、大驯象、小驯象、大安德、小安德、江东、佛宁、上元、观音、姚坊、仙鹤、麒麟门。

明朝洪武三十一年（1398）九月敕修的《明太祖实录》卷201“洪武二十三年（1390）”记载：“庚子，置京师外城门驯象、安德、凤台、双桥、夹冈、上方、高桥、沧波、麒麟、仙鹤、姚方、观音、佛宁、上元、金川，凡十五门。”

明朝陈沂（1469—1538）《金陵古今图考·国朝都城图考》中的《明都城图》上，标出了外郭18座城门，即江东门、驯象门、小安德、安德门、凤台门、双桥门、夹冈门、上方门、高桥门、沧波门、麒麟门、仙鹤门、姚坊门、观音门、佛宁门、上元门、外金川门，以及江东门北的栅栏门。

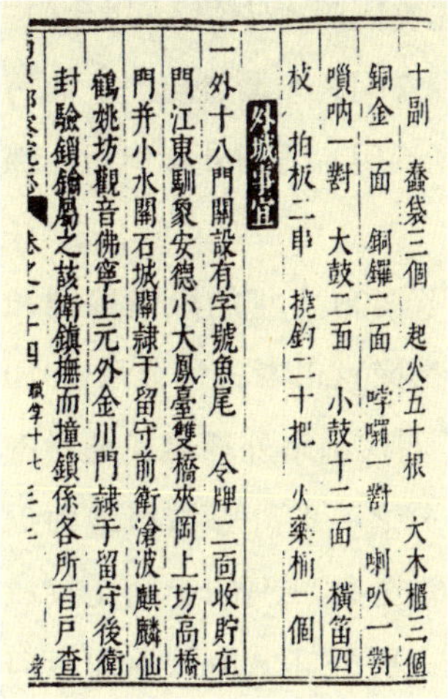

南京都察院志　卷之二十四　職掌十七　三二二

十副　蠢袋三個　起火五十根　大木櫃三個
銅金一面　銅鑼二面　哱囉一對　喇叭一對
嗩吶一對　大鼓二面　小鼓十二面　橫笛四
枝　拍板二串　撓鉤二十把　火藥桶一個

外城事宜

一外十八門關設有字號魚尾　令牌二面收貯在
門江東馴象安德小大鳳臺雙橋夾岡上坊高橋
門并小水關石城關隸于留守前衛滄波麒麟仙
鶴姚坊觀音佛寧上元外金川門隸于留守後衛
封驗鎖鑰屬之該衛鎮撫而撞鎖係各所百戶查

明朝《南京都察院志》中有关外郭 18 座城门的记载

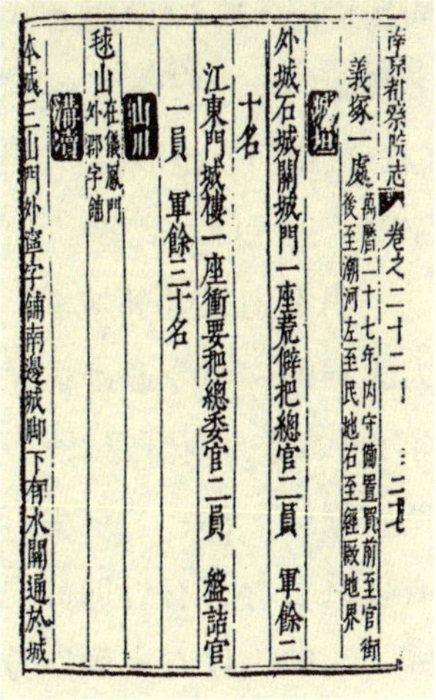

南京都察院志　卷之二十二　三二七

義冢一處萬曆二十七年内守備置買前至官街後至潮河左至民地右至經廠地界

[illegible]

外城石城關城門一座荒僻把總官二員　軍餘二
十名
江東門城樓一座衝要把總委官二員　盤詰官
一員　軍餘三十名

山川

毬山在儀鳳門外鄒字鋪

溝澮

本城三山門外寧字鋪南邊城腳下有水關通於城

明朝《南京都察院志》中有关外郭城门石城关的记载

明朝万历年间（1573—1620）徐必达领修、施沛等人协纂的《南京都察院志》卷 24《职掌十七》记载的“外十八门关”依次是：江东门、驯象门、安德大门、安德小门、凤台门、双桥门、夹冈门、上坊门、高桥门、石城关、沧波门、麒麟门、仙鹤门、姚坊门、观音门、佛宁门、上元门、外金川门。这里出现了一座新的城门——“石城关”。

综上所述，明朝初期，南京外郭有 15—16 座城门，明朝中后期，出于抗击倭寇的需要，又增筑了石城关等城门。明朝外郭 18 座城门是：西面江东门、石城关（又叫栅栏门）2门，南面上方门、夹冈门、双桥门、凤台门、大安德门、小安德门、驯象门7门，东面姚坊门、仙鹤门、麒麟门、沧波门、高桥门5门，北面外金川门、佛宁门、上元门、观音门4门。

明都南京外郭城墙，历经600多年的风雨侵蚀和人为损毁，至今遗迹犹存。据南京市考古研究所2010年5—7月的调研成果——《明代南京外郭城遗址考古调查报告》称："至少有二分之一的外郭城垣地面仍有遗迹可寻，有近四分之三的外郭城垣的走向比较清晰、明确，仅有不到四分之一的外郭城垣的地面走向不很清晰……虽然许多地段已遭受不同程度的破坏，但整体格局基本清晰、完整。"许多外郭城门的名称，如江东门、安德门、凤台门、双桥门、夹岗门、上坊门、高桥门、麒麟门、仙鹤门、姚坊门（今讹称尧化门）、观音门、上元门，以及指代外郭的"土城头"等，在民间留下了深深的印记，依然沿用至今，成为地名中的"活化石"。

鲜为人知的是，明朝洪武四年（1371）又在南京江北修建了浦子口城，作为南京城的卫城（《南京都察院志》卷22《职掌十五》）。万历四十五年（1617）进行了大规模的重修，至今遗迹犹存。

明代南京城墙"里城门十三，外城门十八"和浦子

浦子口城沧波门遗址

口城的设置，体现了中央集权统治下的城市建设等级次序。明朝南京城墙城门数量之多，不仅在中国城市史上绝无仅有，在世界建城史上也是盖世无双。

“高坚甲于海内”

南京明城墙在军事防御上，针对当时的攻城器械和兵器，结合南京的地形、地貌，无论在城墙的高度、厚度的设定，还是在建筑材料的选择、城垣关键部位的设防方面，均达到了我国城垣建筑史上的一个高峰。在1421年明成祖朱棣迁都北京前，曾经一度是世界上规模最大、最为宏伟的城墙。

明朝万历二十三年（1595）、二十六年（1598）、二十七年（1599）三度来到南京的意大利传教士利玛窦在《利玛窦中国札记》中赞美南京道:“论秀丽和雄伟……确实或许很少有其他城市可以与它匹敌或胜过它。……在整个中国及邻近各邦，南京被算作第一座城市。”

明代万历年间的大学者顾起元（1565—1628）在《客座赘语》卷9《石城》中称赞道：“南都城围九十里，

高坚甲于海内。自通济门起至三山门止一段，尤为屹然。聚宝门左右，皆巨石砌至顶，高数丈。吾行天下，未见有坚厚若此者也。”明末清初顾炎武在《肇域志·江南一·南畿》中也称赞：“南都城，高坚甲于海内。”

南京城墙使用了哪些建筑材料，采用了什么建筑技术，又有多高和多厚，以至于引起中外人士的一致赞美？

南京地处江南丘陵，地势不平，河湖众多，针对这一特点，明城墙的建造者在修建城墙的过程中，可谓是绞尽脑汁，在不同的地段，因地制宜，采取了不同质地的墙基和墙体的处理方法。

包山墙——清凉门段城墙与山体岩石连为一体

城砖墙——神策门段城墙

就城墙的地基而言，在依山的地段，顺山势而建，直接以山体岩石为基础，使城墙与山体岩石连为一体。在傍水的地段和地势低洼、土质松软的地段，深挖基础至原生土，夯筑基础，或上铺条石为基；挖不到原生土的低洼地段，采用圆木打桩，木桩长达 10 余米，在布成的井字形木桩上再铺上石块，用来固定基础。在少数土质坚实的地方，城墙基础直接建造在地面上。

就城墙的墙体而言，有的地段采用城砖砌筑，形成城砖墙；有的地段主要采用条石砌筑，成为条石墙；有的地段则是底下用条石，上面垒以城砖，混合砌筑，形

条石墙——通济门至武定门段

成混合墙；有的地段直接在原来的山体上，铺上几层城砖，形成包山墙；还有的地段在原有低矮的城墙上砌筑，形成“墙中墙”。在砖石砌筑的城墙中间，往往填以片石、城砖、黄土，再加以夯筑。

例如，九华山至台城段城墙、城西定淮门至城西北仪凤门段城墙，从底到上全部都是用城砖垒砌而成；中华门至东水关段城墙、西水关至中山南路段城墙以条石为主要建筑材料，在接近城墙顶部雉堞和女墙位置垒砌城砖，在城墙的中间填以片石、碎砖、黄土并夯实；月牙湖至太平门段城墙、解放门至和平门段城墙、石头城至汉西门段墙体以条石为基，上砌城砖，其中前湖段城墙，在以前修筑的低矮城墙上，用砖石砌宽

台城段城墙。近处是女墙，远处是锯齿状的雉堞

前湖段“墙中墙”

砌高，形成“墙中墙”；狮子山至定淮门段城墙则是利用原来山体岩石，在外面包砌 2—3 层城砖，形成独特的包山墙。

南京城墙高度介于 14 至 26 米之间，墙体剖面基本上呈等腰梯形，上窄下宽（建筑学上叫作“收分”），顶宽在 2.6 至 19.75 米之间，底宽在 14 至 27 米之间，结构坚固稳定，外表巍峨壮观。用于修建南京城墙的条石，每块重约 500 公斤；城砖每块重 15—20 公斤。

2005 年 11 月至 2006 年 1 月，南京市文物局《南京明城墙科学保护与抢险维修研究》课题组与江苏省

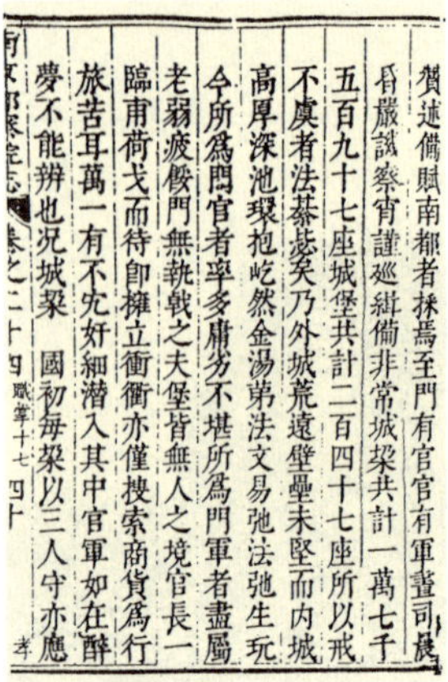
賛述備賦南都者採焉至門有官官有軍晝司晨
昏嚴譏察宵謹巡徼備非常城垛共計一萬七千
五百九十七座城堡共計二百四十七座所以戒
不虞者法綦毖矣乃外城荒遠壁壘未堅而內城
高厚深池環抱屹然金湯第法文易弛法弛生玩
今所爲門官者率多庸劣不堪所爲門軍者盡屬
老弱疲倦門無執戟之夫堡皆無人之境官長一
臨甫荷戈而待卸擁立衢衢亦僅搜索商貨爲行
旅苦耳萬一有不宄奸細潛入其中官軍如在醉
夢不能辨也況城垛 國初每垛以三人守亦應
南京都察院志 卷之二十四 職掌十七 四十

明朝《南京都察院志》中有关城垛 17597 座和城堡（城铺）247 座的记载

测绘局合作，运用卫星拍照、航空影像、遥感技术、GPS（全球定位系统）等先进的测量手段，对南京城墙进行了测量。结果显示，现存城墙最高处（由地面至雉堞）在南京城的东北部琵琶湖段，高达 26 米；最宽处在南京城南西干长巷段，宽度为 19.75 米；最窄处，在南京城的东北部富贵山西侧，宽度仅 2.6 米。

引人注目的是，在城墙顶部朝外一侧，建有锯齿状的带方形射孔的雉堞（又称城垛、垛口），平均每隔不到 2 米一个，共有 17597 个；朝内一侧，建有较矮的女墙，高约 1 米；雉堞和女墙现在仍有三分之二保存了下来。另外，当年的城墙上还建有军事上防守用的建筑物城铺（又作城堡）247 座，用于驻扎军队和存放守城器械（《南京都察院志》卷 24《职掌十七》），可惜现在已经荡然无存。

南京城墙自建成之日起，就以“高坚甲于海内”名闻遐迩。时至今日，南京明城墙的“申遗”工作更使其以世界上现存规模最大的砖石城墙享誉海内外。

“百密一疏”的护城河

古人描述一座城池的坚固，往往喜欢用“金城汤池”或“固若金汤”来形容，其中“汤”“池”指的就是护城河，又称城壕、城濠。通常情况下，护城河都是在城墙之外环绕一周。然而，南京明城墙的护城河却并未连成一体，堪称例外。

护城河是南京明城墙整体防御体系中密不可分的一部分，因此，明太祖朱元璋对护城河的修建十分重视，曾亲临现场视察。据《明太祖实录》卷77记载，洪武五年（1372）十二月“甲申，时浚修京师城濠，上幸三山门观之”。

南京明城墙护城河的水源，来自钟山。明末清初顾炎武《肇域志》记载：“城濠绕城，阔二十五丈，周四十五里。其水引钟山南源，在朝阳门外折南入正阳门，外达城濠。”清朝吕燕昭修、姚鼐纂《嘉庆江宁府志》称：“其城外之河，自正阳门西因杨吴所凿淮流，绕城为池，西流北转抱城至仪凤门外流入江；城之东北倚山冈无城河，而正北则后湖，当其曲隗矣。”外秦淮河、金川河、青溪以及玄武湖、前湖和琵琶湖等宽窄不一的水面，与明城墙相依相伴，映衬出南京城墙的高大坚固，让来犯之敌望而生畏。

在南京明城墙东、南、西三面，都有人工开凿的护城河，北面利用天然的湖泊玄武湖，唯有东北面太平门至中山门一段城墙外侧没有开凿护城河，只有断断续续的琵琶湖、燕雀湖（前湖）等。

南京明城墙护城河为什么在东北面这一段没有连

南京城西北面小桃园段城墙与护城河

南京城北面钟阜路至中央门段城墙外的护城河

南京城东南面东水关城墙与护城河

为一体，而是留下一个缺口？是有意为之还是重大疏漏？要回答这个问题，还得从南京的山川形胜说起。

南京号称“龙盘虎踞”之地，紫金山像巨龙盘曲在南京城东，石头山（包括今清凉山和国防园、石头城遗址公园）像卧虎蹲伏在城西。紫金山余脉由太平门附近的富贵山、龙脖子（又称龙脖子）入城，经过小九华山（覆舟山）、鸡笼山、鼓楼岗、五台山，一直延伸到石头山，形成南京城内的一条南北天然分水岭。当年朱元璋在修筑太平门至朝阳门（今中山门）段南京城墙时，一则是因笃信风水，考虑到龙脖子一

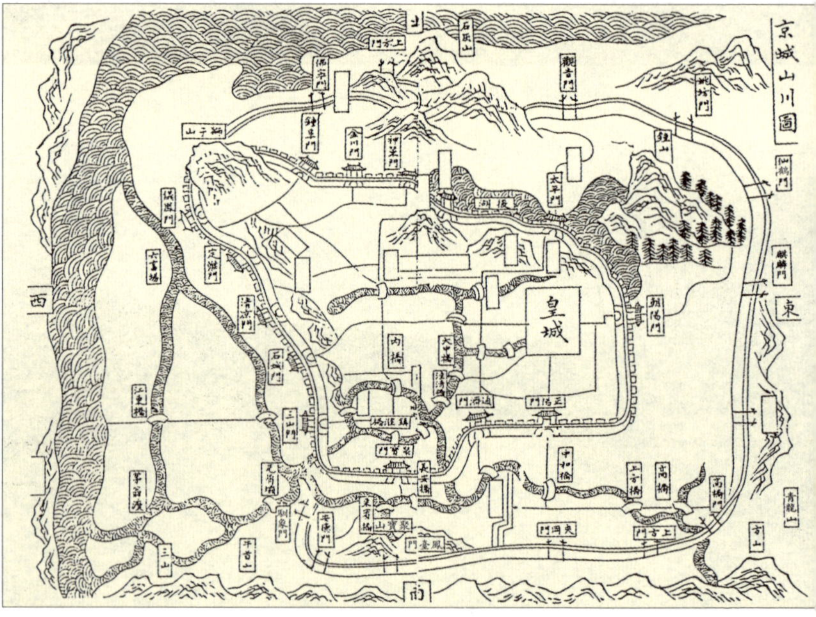

京城山川图（明朝礼部《洪武京城图志》）

带是龙脉所在，不宜掘断，切断了对大明江山不利；二则是当年的紫金山有一圈城墙环绕，太平门外的“三法司”——刑部、大理寺、都察院均有高墙围护，对太平门形成拱卫之势，因此没有开挖护城河，而是留下了一个缺环。

这个缺环在明代尚无问题，到了清代，随着“三法司”和紫金山一圈城墙的消失，客观上使太平门一带成为南京城墙整体防守体系上的软肋。

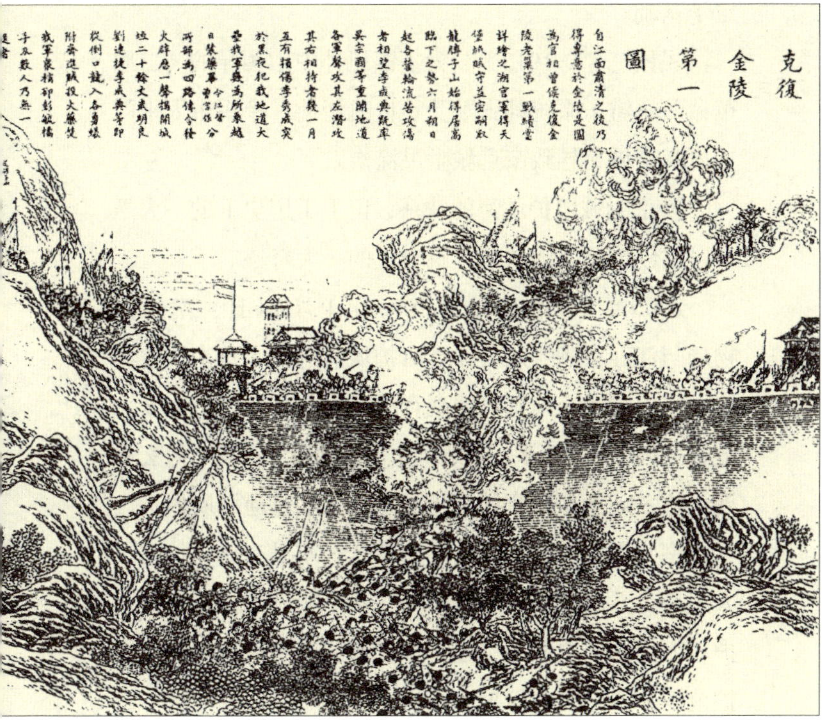

清军攻破太平门龙脖子段城墙

清朝同治三年（1864），清军炸开太平门东面龙膊子段城墙，攻入南京城，太平天国农民运动宣告失败。在混乱之中，太平天国忠王李秀成保护幼天王洪天贵福从太平门突围而出，最终还是被清军杀害。

宣统三年（1911），江浙联军总司令徐绍桢指挥联军也是首先从这座城门进入南京，宣告南京光复，为孙中山在南京建立民国、成立中华民国临时政府奠定了基础。

民国二年（1913），为了镇压孙中山领导的“二次革命”，辫子军统帅张勋受袁世凯指使，率军由太平门攻入南京城，导致南京城生灵涂炭。

南京明城墙护城河的缺环，留下了历史上的一大悬案，也创造了我国城墙建筑史上的一大奇迹。

2005 年 11 月 28 日至 2006 年 1 月 24 日，南京文物局与江苏省测绘局合作，对护城河进行了首次调查测绘。结果显示，南京城墙现存护城河全长为 31159 米，最长一段有 5658 米；城墙与护城河间距最宽处为玄武湖，达 334 米；最窄处为琵琶湖，湖水直逼城墙根下。

南京明城墙与护城河唇齿相依，水乳交融，体现了人工与自然的和谐统一。如今，南京明城墙护城河以及护城河和城墙之间的空地，都已被纳入明城墙风光带保护范围，得到妥善管理和保护。

形制各异的内外瓮城

在我国成语的海洋中，有一个大家耳熟能详的成语——“瓮中捉鳖”，比喻想要捕捉的对象已在掌握之中，形容手到擒来，轻而易举。南京城门的内外瓮城，可谓具有异曲同工之妙。

在明朝南京13座城门中，朝阳门（今中山门，因朝阳门外瓮城系清朝修建，故不在本文叙述之列）、太平门、金川门、钟阜门、仪凤门（今兴中门）、定淮门和清凉门7座城门没有瓮城，石城门（今汉中门广场中央）、三山门（今水西门）、聚宝门（今中华门）、通济门、神策门（今和平门）和正阳门（今光华门）6座城门建有瓮城。其中，石城门、三山门、聚宝门、通济门为内瓮城，神策门为外瓮城，正阳门为内、外瓮城合二为一。就瓮城的数量而言，在这6座城门中，一重瓮

1903 年《陆师学堂新测金陵省城全图》中的内外瓮城

城的是神策门，两重瓮城的是正阳门和石城门，三重瓮城的是三山门、聚宝门、通济门。就瓮城的形状而言，正阳门、石城门、聚宝门呈长方形，三山门、通济门呈船形，神策门呈不规则的刀形；就方位而言，北面有 1 座——神策门，南面有 3 座——正阳门、通济门、聚宝门，西面有 2 座——石城门、三山门。下面分别加以介绍。

别创新格的内瓮城

将瓮城建在城内，是南京城的独创。在南京明城墙的 4 座内瓮城中，石城门、三山门在城西，聚宝门、通济门在城南；石城门、聚宝门呈长方形，三山门、通济门呈船形。

石城门

又名旱西门、汉西门，位于南京城西，在今天汉中门广场中央。明清时期，是南京城西进城的一个重要通道。

据明朝万历年间徐必达、施沛等人修纂的《南京都察院志》卷 21《职掌十四·城垣》记载："石城门，城楼一座，城铺十八座，旗台二座，垛口六百五十四个。门外官厅三间，门里内外官厅六间。头券库房左右六间，二券左右官厅库房六间。城长三百九十七丈。南至三山门界，北至清江门界。本门稍繁。"

该城门由两重瓮城、三道拱门组成。瓮城建在城内，

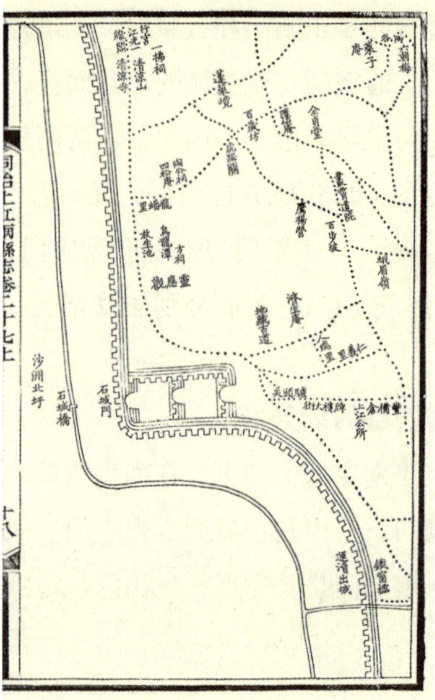

清朝《同治上江两县志》卷 27 上的石城门

平面呈长方形。由此门入城，经过牌楼街、螺丝转湾，过新街口、土街口、卢政牌楼，可达大行宫，再经过玄津桥、西安门，可达明故宫。

清朝初年，康熙、乾隆皇帝数次南巡，离开南京时，都是由这座城门出城，至秦淮河登舟北返的。

1842 年 8 月 26 日，入侵南京的英国侵略军头目璞鼎查等人在清朝大臣耆英、伊里布的邀请下，经由汉西门入城，至上江考棚最后一次议约。两天后，即 8 月 29 日，我国历史上第一个丧权辱国的不平等条约——《南京条约》被迫在英舰“康华丽”号战舰上签订。

清代吴敬梓在《儒林外史》中多次提及此门。如第 34 回写道：“庄绍光悄悄叫了一辆乘小轿，带了一个小厮，脚子挑了一担行李，从后门老早就出汉西门了。”

石城门旧影

第35回写道："（庄征君）叫了一只凉篷船，载了行李，一路荡到汉西门。"第38回写道："杜少卿同武书送到汉西门外，方才回去。"第41回写道："当下沈琼枝同两个差人出了县门，雇轿子抬到汉西门外，上了仪征的船。"

三山门

即今天的水西门，位于南京城西南。原为南唐都城的龙光门。洪武十九年（1386）重建，改称三山门。

20世纪50年代因墙体多处出现险情，危及居民和行人安全而被拆除。

据明朝万历年间徐必达、施沛等人修纂的《南京都察院志》卷21《职掌十四·城垣》记载：“三山门，城楼一座，更衣厅三间，厨房二间，东厢房一间，城铺二十座，旗台三座，垛口八百六十四个，城长七百一十五丈。南至聚宝门界，北至石城门界。城下门券四层，里外铳房十座，无敌大将军铜铳十位。门里左边内守备更衣厅三间，右边把总厅三间。三层券内左右

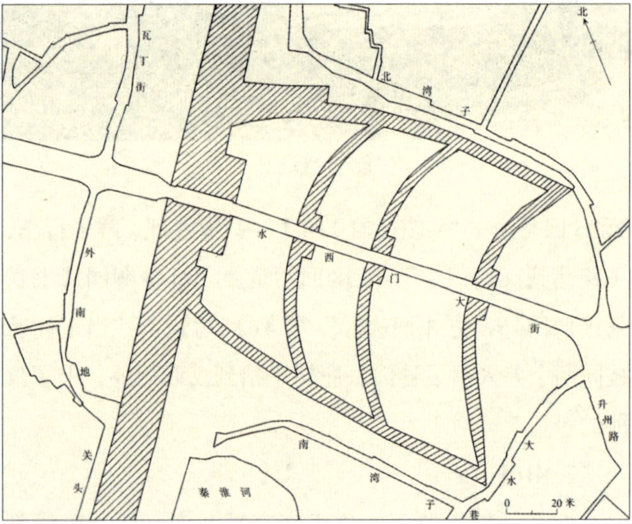

明代三山门瓮城平面图（南京市建设局勘察测量大队1952年测绘，南京市城建档案馆收藏）

三山门瓮城旧影

军器库房六间。头层券内左边外守备更衣厅三间，右边江营军器库房三间。门外左右更衣厅六间，盘诘官厅六间，右边水关一座（通城内秦淮大河），本门冲繁，通京驿道。”

三山门外临护城河（今外秦淮河），城门由三重瓮城、四道拱门组成，瓮城建在城内，从空中俯瞰，整座城门的平面形状呈船形。城门南边设水关一座，内秦淮河水由此出城，汇入城外的护城河（今外秦淮河）中。

三山门自明朝起，是南京的一个重要的水门，又是通往南京的一个重要驿道，南来北往的过客，常常由此门进出南京城。

1853年3月19日，太平军攻占南京城。3月29日，天王洪秀全由三山门入城，直入两江总督署，改为天朝宫殿，并将南京改名为天京。

聚宝门

民间俗称为南门，又称中华门、中华门城堡、中华门瓮城。它位于中华路的南端，地处南京城南交通咽喉，南临外秦淮河，北依内秦淮河，南北两侧以长干桥和镇淮桥贯通，是南京城的南大门。

明朝初年，朱元璋扩建南京城，将原来的南门改名为聚宝门。

据明朝万历年间徐必达、施沛等人修纂的《南京都察院志》卷24《职掌十七》记载："聚宝门，东至通济门界，西至三山门界。共长九百五十三丈，垛口一千二百零二座，城铺三十四座，旗台四座，官厅一座，界牌八座，矼礤二座，栅栏四扇，上下藏军洞二十八，券四层，门八扇，锁钥四副，门里官厅二座，直房六间，券内库房二间，外有盘诘房二间，里外鹿角六座。"清代甘熙《白下琐言》卷2称："明初建立都城凡十三门，钟阜、清凉、金川俱闭。往来通衢，三山、通济之外，以聚宝为最盛。"

2017 年 4 月 19 日本书作者陪同蒋赞初先生考察中华门瓮城

聚宝门为南京明城墙 13 座城门中保存最完好、规模最宏伟、设计最奇巧、结构最复杂的城门之一。平面呈长方形，东西宽 118.5 米，南北长 128 米，占地面积 15168 平方米，高 20.45 米。由三重瓮城、四道拱门构成。每道拱门皆为双重门，外面一道门是从城头上吊放下来

2015 年中华门（聚宝门）航拍图（DJ.Ben 摄）

的千斤闸，坚不可摧；里面一道门为铁皮包裹的双扇木门，牢不可破。如今千斤闸、木门均已无存，仅存闸槽和门位遗迹。在首道拱门上，原来还建有城楼一座，现仅存石柱础。聚宝门瓮城设置在城门的里边，因此就有条件设置瓮洞（即藏军洞），从而将城门守御这一明显的薄弱部位，变成防御作战中的强点，这是外瓮城所无法做到的。

聚宝门上、下两层分布有13个藏军洞，加上东、西两侧登城步道（又称马道）下方的14个藏军洞，实际上共有27个，可藏兵3000余人。首道拱门上层面北的中洞进深45米，宽6.85米，高6.32米，居各洞之首。这些藏军洞在战时用以贮备军需物资和埋伏士兵。

聚宝门东、西两侧，筑有长86.1米、宽11.5米的登城步道（矼礤）通往城墙顶上，既可用于运送军需物资，也可供守城官兵策马直登城顶。

1927年4月国民政府定都南京后，认为南京城门名称大多具有封建思想和神秘色彩，不符合时代潮流，于是决定更改城门名称。1928年夏，将聚宝门改为中华门。1929年4月，由时任南京市市长刘纪文出面，函请国民政府主席、军事委员会委员长蒋介石题写城门匾额。

民国年间，随着南京城市人口急剧增长，交通日趋繁忙，仅有一个门洞的中华门显然难以适应现代城市发展的需求。为改善城南交通状况，1933 年，南京市政府“特将中华门两旁添置两耳门，以便行人往来。一名‘中华东门’，为进口；一名‘中华西门’，为出口，总门则供车马出入”（天津《益世报》1933 年 4 月 8 日）。中华东、西门的开辟，有效缓解了这里的交通压力，避免了聚宝门遭到拆除的厄运。

通济门

位于南京城东南，即今天城东干道龙蟠中路的南端，是明朝南京城的一座重要城门，也是进出南京城的

通济门宛若一艘停泊的航船

交通要道。

通济门坐北朝南，城门外临护城河（今外秦淮河）和九龙桥。“通济”的意思是“通行过河”，因为出了城门就是河和桥，需要经过城门外的九龙桥才能过河出城，故名。

据明朝万历年间徐必达、施沛等人修纂的《南京都察院志》卷21《职掌十四·城垣》记载：“通济门，城楼一座，城铺二十三座，旗台二座，城长五百一十一丈七尺，垛口七百四十四个。东至正阳门界，西至聚宝门界。城下门券四层，宿守库房四间，左右官厅各五间。头层券内左右火药库房各八间，二层券内左右军器库房各三间，直房两旁共六间倒塌无存。门外左右盘诘官厅六间，无敌大将军铜铳十位。本门冲繁。”“通济门，城上官厅一座，城铺二十三座，旗台二座，瓮城四券垛口无。东至正阳门界，西至聚宝门界。通长计五百一十一丈七尺，东西两边垛口共七百五十座。本门冲要。”

通济门由三重瓮城、四道拱门组成，瓮城建在城内，它和聚宝门、三山门（今水西门）同属明朝南京城墙城门中规格最高的3座城门。通济门是明代南京京城13座城门中占地面积最广的一座城门。它不仅规格高，而且平面造型奇特，从空中俯瞰，通济门宛如一艘扬帆远航的船，停泊在外秦淮河畔。这种船形造型可能与临近东水关有关。

通济门的东北面是明朝南京城的皇宫所在地。清朝顺治二年五月初十日（1645 年 6 月 3 日）凌晨，南明小朝廷的弘光帝朱由崧在清军渡江逼近南京城时，为避人耳目，与马士英等人自通济门出逃。半个月后，弘光帝被捕，清军将他押回南京，特地从通济门入城，沿途南京市民无不唾骂，通济门见证了明王朝从兴盛到衰亡的历史。

康熙二十八年（1689），康熙帝第二次南巡，由京杭大运河一路南下，抵达绍兴后折返，由丹阳登陆，经过句容，到南京秣陵关，于农历二月廿八日抵达江宁（今南京），由通济门入城。

通济门在 1958 年至 1959 年间被拆除。尽管如此，今天不仅留有通济门地名，还留有瓮城遗迹。据 2002—2009 年南京市博物馆数次考古发掘，认为“通济门瓮城主体在龙蟠中路上，南北长约 100 米、东西宽约 120 米，南距九龙桥 100 米、北距大光路约 70 米、西距秦淮河约 50 米”（南京市博物馆《南京通济门瓮城遗址发掘简报》）。

沿袭传统形制的外瓮城

南京明城墙的外瓮城沿袭了中国传统的都城瓮城形制，但神策门外瓮城却与众不同。

据明朝万历年间徐必达、施沛等人修纂的《南京都察院志》卷22《职掌十五·城垣》记载："神策门，城楼一座，城铺十五座，旗台二座。东至后湖小门界，西至金川门界。通长计九百九十五丈，垛口一千五百五十九座。西边方垛六十四座以镇后湖下沙。外面瓮城上方垛口一百零八座，以映北固山。本门荒僻。"

神策门位于中央门立交桥东南角，玄武湖的西北

神策门外瓮城旧影

角。不远处是幕府山和长江，在军事上占有极其重要的地位。

清朝顺治十六年（1659），郑成功率领 20 万大军打到南京城下。守城清军采取缓兵之计，出城进行偷袭，大败郑成功军队。顺治皇帝为了庆贺这场胜利，下令将神策门更名为“得胜门”，但民间仍称为神策门。

国民政府定都南京后，因该城门含有迷信色彩，于是，在 1928 年将神策门改名为“和平门”，并由时任立法院长胡汉民题额，这一名称一直沿用至今。

神策门具有三大与众不同的特点：一是瓮城在外。神策门依山而建，紧紧地将一座小山“抱在怀中”。当年因势利导，将瓮城建在城门之外，平添一道防御。这种将瓮城建在城外的制度是中国古代瓮城制度的延续，

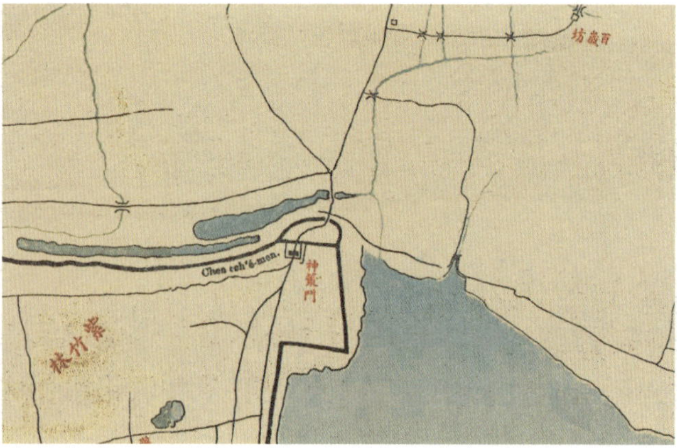

1898 年法国人方殿华（盖拉蒂）绘制的《江宁府城图》中的“神策门”

仿照南京城而兴建的明朝北京城，其所有的瓮城也都建在城外。二是瓮城门开在东北角，不正对城门，这在明朝城门中也是特例。三是瓮城平面呈“”形。外墙高 9.5 米，建有雉堞 108 个，长约 230 米（南面与城门相邻部分的长度 137 米不计在内）。

2004 年 10 月 1 日，神策门遗址公园建成，正式对外开放。

绝无仅有的内瓮城和外瓮城合壁形制

正阳门位于南京城东南。1928 年，国民政府认为其含有封建迷信色彩，改名为光华门。现城门荡然无存，但光华门的名称保留了下来。

在明朝十三座城门中，该城门位于御道（洪武大街）的正南端，它与宫城的正南门午门、皇城的正南门洪武门处在同一条中轴线上，因临近洪武门，所以常常被误称为洪武门。

据明朝万历年间徐必达、施沛等人修纂的《南京都察院志》卷 21《职掌十四 · 城垣》记载：“正阳门，城楼一座，城券一座，月城一座，城铺十七座，旗台五座，穿城水闸一座。东至朝阳门界，西至通济门界。通长计九百零八丈。东西两边垛口共一千三百二十六座。本门冲要。”

正阳门旧影

该城门外部有近似正方形的瓮城（史称“月城”），内部有一个略小的长方形瓮城。这种内外瓮城合壁的形制，不仅在南京明城墙中独一无二，在中国城墙建筑史上也是罕见的。

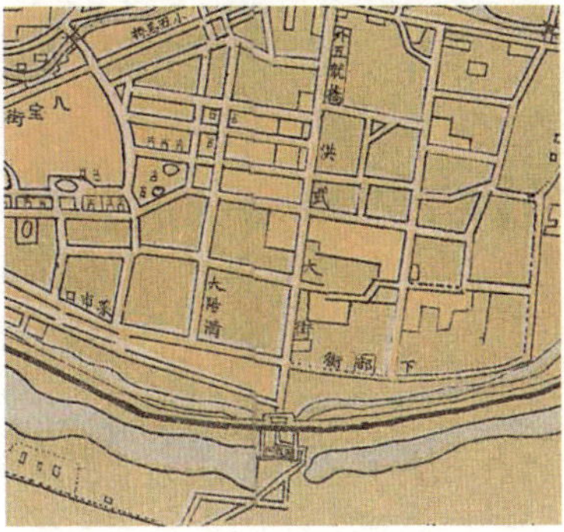

1910 年日本堂书店出版的《南京全图》中的“正阳门”

清朝顺治二年（1645）六月十六日，清军统帅多铎骑马从正阳门进入南京城，南明弘光王朝宣告覆灭。

总之，南京明城墙瓮城的设置和位置的选择，反映了南京城北、城南和城西是军事防御的重点所在；而瓮城形状和大小的不同，则与地形地貌有直接的关系。

设计奇巧的防水、排水系统

南京地处江南丘陵，河道纵横，湖泊众多。在明朝定都南京之前，经过六朝、南唐的苦心经营，城内外除了原有的天然河湖，如秦淮河、金川河、青溪、玄武湖、燕雀湖、琵琶湖等之外，又出现了一些人工开凿的河道，如潮沟、珍珠河、运渎、杨吴城濠（南唐护城河）、南唐护龙河等。明朝南京城在建筑过程中，是如何巧妙地处理防水与排水问题的呢？

首先，让我们来看看南京明城墙与河湖的关系。南京城墙的东、南、西三面是人工开凿的护城河（又称外秦淮河），北面有玄武湖和金川河，由太平门往东至朝阳门（今中山门）之间一段城墙外侧尽管没有开筑护城河，但有琵琶湖和燕雀湖（前湖）等水体。号称“十里秦淮”的内秦淮河由通济门外的东水关入城，从三山门附近的西水关出城，与外秦淮河汇合，将南京城内外的水系贯通，形成一个严密的水网。

南京地处多雨的江南，城墙防水、排水系统的合理配置，对于确保明城墙的坚固、实用和美观至关重要。就我们掌握的材料来看，南京明城墙的防水、排水系统可以分为墙体本身防水排水系统，以及城区内外的防水排水系统两种。

就南京明城墙墙体本身而言，为了防止城墙顶部的雨水渗透，在顶部往往铺砌一层城砖，采用桐油、石灰、

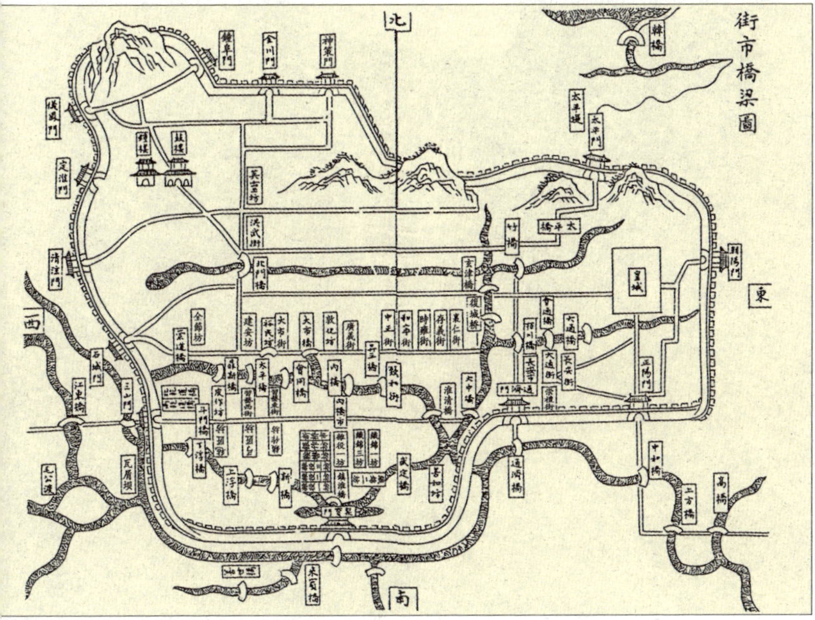

明朝《洪武京城图志》中的街市桥梁图

龙膊子段城墙上的吐水槽

黄土拌和的灰浆弥缝；在墙体顶部靠近雉堞和女墙的内侧，各设置石质排水明沟一条，以汇集顶部雨水，再经过墙体上砌筑的长约 70 厘米的石质吐水槽排出墙体之外，流入周边的护城河或湖泊之中，从而确保城墙顶部无积水之虞。

对于南京明城墙围合的城区内外而言，一般在城墙底部与河流湖泊交界处设置水关或涵闸。在内秦淮河出入口处分别建有东水关（又叫通济门水关、上水关）和西水关（又叫水西门水关、下水关）。东水关、西水关各设有闸门 3 道，前后 2 道为木闸门，中间设铁质栅栏门，以防战时来犯之敌潜水入城。

东水关内侧还设有 33 座瓮洞，分为 3 层，上层和中层为藏军洞，下层（中洞可通船）通水；西水关设有 18 座瓮洞，分为上下 2 层，上层为藏军洞，下层（中洞可通船）通水。清代文学家曹去晶在《姑妄言》卷首曾描写东水关和西水关："这秦淮东有三十三洞，但通江源，而人不能入。西有一十八洞，设立水关，可行舟楫。谚言：'三十三天无人走，十八地狱有人行。'此之谓也。"

在金川河与明城墙的交界处，明代在城墙下设有金川河闸；在潮沟与明城墙的交界处，设有武庙闸（即玄武湖的"通心水坝"）；在明故宫北侧前湖，设有前湖

东水关外景

东水关内景

水闸；在半山园，设有半山园水闸；在琵琶湖，设有琵琶湖水闸。这些涵闸，较好地起到了城内积水的排涝作用，避免了城内水涝之患。

半山园水闸

值得一提的是，这些涵闸，使用的都是铜水管、铁水管和铜水闸。铜水管、铁水管的内部直径达 0.95 米；铜水闸每套呈方形，边长 1.3 米，厚 0.5 米，重约 6 吨，上下扣合，只能进水不可进人，构思巧妙，结构合理。

玄武湖南侧城墙下的武庙闸

铜质排水管（部分）

铜质涵闸（上、下合）

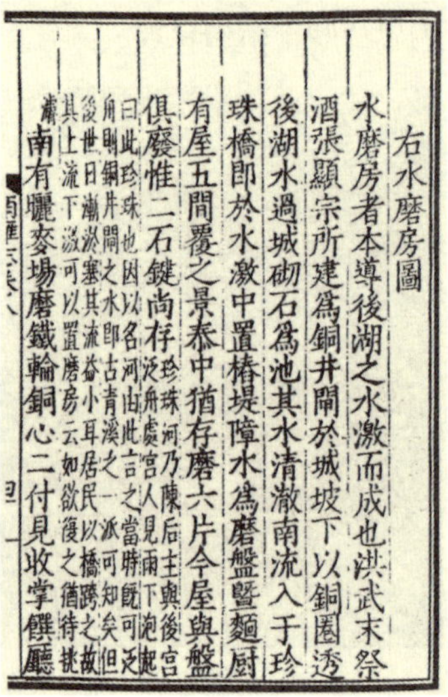

右水磨房圖

水磨房者本導後湖之水激而成也洪武末祭酒張顯宗所建爲銅井閘於城坡下以銅園透後湖水過城砌石爲池其水清澈南流入于珍珠橋即於水激中置樁堤障水爲磨盤暨麵厨有屋五間覆之景泰中猶存磨六片今屋與盤俱廢惟二石鍵尚存珍珠河乃陳后主與後宮泛舟處宮人見雨下泡起曰此珍珠也因以名河由此言之當時既可泛舟則銅井閘之水即古青溪之一派可知矣但後世日漸淤塞其流益小耳居民以橋跨之故其上流下激可以置磨房云如欲復之猶待挑濬南有曬麥場磨鐵輪銅心二付見收掌饌廳

明朝《南雍志》中有关武庙闸铜水管的记载

东水关内景旧影

南京明城墙从地位上来讲，是由明朝中央政府投资建设的国家重点工程，因此在防水、排水系统的设计和使用的材料上，汇聚了当年的最高技术成就，富有远见卓识。这也是明城墙600多年矗立不倒的一个重要原因。南京明城墙的防水、排水系统，有的一直沿用至今，对于我们今天的城市规划和建设，不无借鉴意义。

明城墙中的“混凝土”

混凝土是人类在19世纪的伟大发明之一，中国直到20世纪初才生产混凝土。中国古代没有混凝土，古人将一块块砖头和石头垒砌在一起，使用什么样的黏合材料才能够达到坚固美观的效果呢？聪明的明朝人在建造南京城墙时，使用了一种神奇的黏合剂，这种黏合剂凝固性能极强，历久弥“坚”，可与今天的高标号混凝土相媲美。

南京明城墙使用的黏合剂究竟是由什么材料构成的呢？关于南京明城墙的黏合材料，南京民间一直有朱元璋使用石灰、糯米汁和桐油筑城的传说。这个传说的可信度有多大呢？我们还是先看看明朝人马生龙《凤凰台记事》（商务印书馆1985年版）一书的记载：

筑京城用石灰、秫粥锢其外，上时出阅视，监掌者以丈尺分治。上任意指一处击视，皆纯白色，或稍杂泥壤，即筑筑者于垣中，斯金汤之固也。

这段话的意思是：“修筑南京京城城墙，使用了石灰、高粱粥增加城砖和条石之间的凝固度，朱元璋不时外出巡视，负责掌管筑城的人按照每丈每尺来分别检查。朱元璋任意指一处地方，用硬物击打后观察，皆是纯白色，有的地方稍微夹杂泥土，则立即将筑城者筑到

城砖之间的白色黏合剂

城墙中，这样一来南京城墙便固若金汤了。”这段记载揭示了朱元璋的铁腕和残暴，同时，也反映了南京城墙建造使用了石灰和“秫粥”（高粱粥），这与南京民间传说使用糯米汁略有不同。

不过，南京民间传说使用糯米汁的说法，在明朝宋应星《天工开物》“燔石”一章中得到了验证：

凡石灰经火焚炼为用。成质之后，入水永劫不坏。亿万舟楫，亿万垣墙，窒隙防淫，是必由之。……用以砌墙、石，则筛去石块，水调黏合。甃墁则仍用油、灰。用以垩墙壁，则澄过，入纸筋涂墁。用以襄墓及贮水池，则灰一分，入河砂、黄土三分，用糯米粳、杨桃藤汁和匀，轻筑坚固，永不隳坏，名曰三和土。

《天工开物》的记载表明，我国古代建筑中，已经普遍使用石灰、糯米汁、杨桃藤浆作为黏合材料。

清代甘熙《白下琐言》卷9有关墓葬采用三和土的记载也可以作为旁证：

古人葬法，以三和土为最善。……朱文公谓：“三和土，石灰得沙而实，得土而黏，岁久结为金石。”

华严岗门至定淮门段城墙砖之间的白色黏合剂

在这段文字中，甘熙提到了石灰、沙和土。此外，在该书中，他还提到了用羊桃藤熬浆或者用水浸蓼叶出浆作为黏合剂。

2008年，浙江大学文物保护材料实验室用热重和红外光谱等方法分析了南京明城墙、西安明城墙、绍兴清代城墙等砌缝中的灰浆样品，发现其中都有糯米成分，证实了南京民间传说和古代史书记载的可信，但是否使用了古代常用的高粱粥、杨桃藤浆或蓼叶浆作为黏合剂，实验结果中没有提及。

条石缝隙中渗透出来的白色黏合剂

条石缝隙中渗透出来的白色黏合剂

糯米灰浆至少在南北朝时期就已经出现，因其具有耐久性和粘接强度高、韧性强、防渗性好，在我国古代作为建筑黏合材料被广泛使用。专家们认为：“以糯米灰浆为代表的传统灰浆是中国乃至世界古代石灰建筑胶粘材料史上的杰作，它的出现，成就了中国古代建筑的辉煌，显示了古代中国人高超的智慧和技艺。从这个意义上来讲，它完全可以称得上是中国古代的重大发明之一。”（杨富巍等《以糯米灰浆为代表的传统灰浆——中国古代的重

大发明之一》，《中国科学E辑：技术科学》2009年第1期）

糯米灰浆的发明和使用，使我国古代建筑物不仅更加牢固持久，也更加实用、美观。与欧洲古代使用的建筑灰浆全是无机材料相比，中国古代使用无机和有机复合的黏合材料糯米灰浆，性能更加优良。在今天的城墙和其他古建筑维修保护中，如果能够使用这样的黏合材料，而不是水泥，可能更加有利于遵循文物保护“修旧如旧”的原则。因此，对于这一失传的黏合材料制作工艺进行探索，是当代城墙保护工作者和科技工作者义不容辞的责任。

今天，我们在南京城墙的砖缝或石缝之间所看到的白色物质，就是古代的黏合剂。历经600多年风雨侵蚀，其坚如铁，令人不可思议！西安等地的明城墙也使用了类似的黏合剂，我们推测，这种黏合剂很有可能首先是在明朝首都南京使用，而后推广到全国。然而，对于这种神奇的“混凝土”——黏合剂，其神秘的配方至今无人能够完全破解。

明城砖来自何方

营建规模巨大的南京城墙，使用了大量的建筑材料，其中尤以城砖使用最多。据有关文献记载，营建北京所用的城砖，分别由运河水流经的河北、河南、山东、江苏等府州县烧造，其中以山东临清为最多。《明会典》卷 190 记载：永乐间专派工部侍郎一员于山东临清管理烧造，同时统辖自直隶至山东、河南军卫、州县的烧窑事宜。

营建南京城墙所用的城砖来自何处，文献史料中鲜有记载，但南京城墙砖铭文，为我们提供了明城砖产地的重要线索。

1993 年，季士家《明都南京城垣略论》一文认为：明城砖从烧造范围看，计有现江苏、江西、安徽、湖北和湖南五个省的二十八个府（含直隶州）、一百一十八个县，另还有一部（工部）、三卫、三镇。这些府县，都地处长江中下游的水网范围，由他们制砖，看来与水上运输有关。

1997年，王少华《南京明代城墙的建造》一文认为：南京城墙砖是由三十三府行省、十二州一百五十县和七镇烧制。

1998年，郭金海《明代南京城墙砖铭文释译》一文认为：南京明城墙砖是明朝廷下令长江中下游5个省的160多个州、县、驻军各卫所、工部各窑因地制宜，就地取材烧制的。

城砖是南京城墙的重要建筑材料

1999年，王克昌、韦立平、杨献文《明南京城墙砖文图释》一书认为："仅据本书砖文所载，当时为明代南京筑城造砖的，主要是长江中下游地区，有三十二府、一百四十八州县、四镇，另外还有行省造砖、系统造砖的，共计 190 个不同的署名单位。”书中列举有 190 个不同单位的详细名单。

2001 年，杨国庆、夏维中《关于明代南京城墙砖文的几个问题》一文认为明城墙的“造砖单位已经达到二百个以上”，但未列出烧造单位名单。

2002 年，杨国庆《南京明代城墙》一书认为“造砖单位已经达到近 300 个”，书中列出的造砖单位有 260 处左右。

对于城墙砖的制造单位，上述统计数据从 100 多个到近 300 个不等。之所以会产生如此大的差距，其原因有两个方面：一是近几十年来城砖铭文中新产地的不断发现；二是统计标准的不一致。

我们认为，要确定当下南京城砖的造砖单位数量，一定要有一个相对合理的统计标准：（一）由于明朝初年政区建置变化频繁，而城砖又以地方上烧造的占大宗，所以对于地方上的城砖单位的统计，应该一律统计到县级；（二）对于当年的任何一个府（含直隶州）和县（含散州）级单位，不管其级别升降如何，一律按一个单位计算；（三）军队系统的卫所分属于兵部和五军都督府统辖，情况比较复杂，尚有待于进一步研究，其具体的制造单位应以“所”为计算标准，以对应地方上的县；

（四）工部烧造的城砖，按窑计算，也对应地方上的县。

依据上述标准，截至 2017 年 12 月，我们统计到的南京明城砖产地如下：

明城砖产地一览表

江苏省	1	应天府	上元县、江宁县、句容县、溧阳州（溧阳县）、溧水县
	2	淮安府	淮安州、杂造局
	3	扬州府	高邮州、泰州、通州、真州、泰兴县、宝应县、江都县、兴化县、海陵县、如皋县、海门县
	4	常州府	武进县、无锡县、宜兴县、江阴县
	5	镇江府	丹徒县、丹阳县、金坛县
安徽省	6	安庆府	怀宁县、桐城县、潜山县、太湖县、宿松县、望江县
	7	庐州府	无为州、合肥县、舒城县、庐江县、巢县
	8	太平府	当涂县、芜湖县、繁昌县
	9	池州府	青阳县、铜陵县、石埭县、建德县、东流县、贵池县
	10	宁国府	宣城县、南陵县、泾县、宁国县、太平县、旌德县
	11	广德州	建平县
	12	滁州	全椒县
江西省	13	南昌府	南昌县、新建县、丰城县、进贤县、奉新县、靖安县、武宁县、宁县
	14	瑞州府	高安县、上高县、新昌县
	15	九江府	德化县、德安县、瑞昌县、湖口县、彭泽县
	16	南康府	星子县（新子县）、都昌县、建昌县
	17	饶州府	鄱阳县、馀干县（余干县）、乐平县、浮梁县、德兴县、安仁县
	18	广信府	上饶县、玉山县、弋阳县、贵溪县、铅山县、永丰县
	19	建昌府	南城县、南丰县、新城县、广昌县
	20	抚州府	临川县、崇仁县、金谿县、宜黄县、乐安县
	21	吉安府	庐陵县、泰和县（太和县）、吉水县、永丰县、安福县、龙泉县、万安县、永新县、永宁县
	22	临江府	清江县、新淦县、新喻县
	23	袁州府	宜春县、分宜县、萍乡县、万载县
	24	赣州府	赣县、信丰县、兴国县、会昌县、宁都县、瑞金县、龙南县、石城县、雩都县、安远县

湖北省	25	武昌府	兴国州、江夏县、武昌县、汉阳县、汉川县、嘉鱼县、蒲圻县、咸宁县、崇阳县、通城县、通山县、大冶县
	26	黄州府	黄冈县、麻城县、黄陂县
	27	荆州府	江陵县、公安县、石首县、松滋县
	28	沔阳府（沔阳州）	玉沙县、景陵县
	29	蕲州府（开州府）	黄梅县、广济县、蕲春县、罗田县、蕲水县（开水县）
	30	安陆府	京山县
	31	德安州	随县、应山县、孝感县
湖南省	32	长沙府	长沙县、善化县、湘阴县、湘潭县、浏阳县、醴陵县、宁乡县
	33	岳州府	岳州、临湘县、华容县
	34	常德府	武陵县
	35	澧州府	澧阳县
	36	永州府	零陵县
	37	衡州府	
工部	38	工部	工部左窑、工部右窑、工部正中、工部前窑、工部后窑、官前窑、官中窑、官后窑
军队系统	39	军队卫所	水军右卫左所、水军右卫右所、水军右卫中所、水军右卫前所、水军右卫后所、飞熊卫左所、飞熊卫右所、飞熊卫中所、飞熊卫前所、飞熊卫后所、豹韬卫左所、豹韬卫右所、豹韬卫中所（豹中）、豹韬卫前所、豹韬卫后所、横海前所、广洋右所、广洋前所、广洋后所、江阴卫右、幕府邵所、幕府朱所、石五戴所、四周所、三山史所、海[illegible]八所

由上表可见，明朝初年参加南京城墙砖制造的单位有南京（南直隶）、湖广行省、江西行省，大约包括37个府（直隶州）162个县级单位，其中江苏5府25个单位、安徽7府（直隶州）28个单位，江西12府66个单位，湖北7府（直隶州）30个单位，湖南6府13

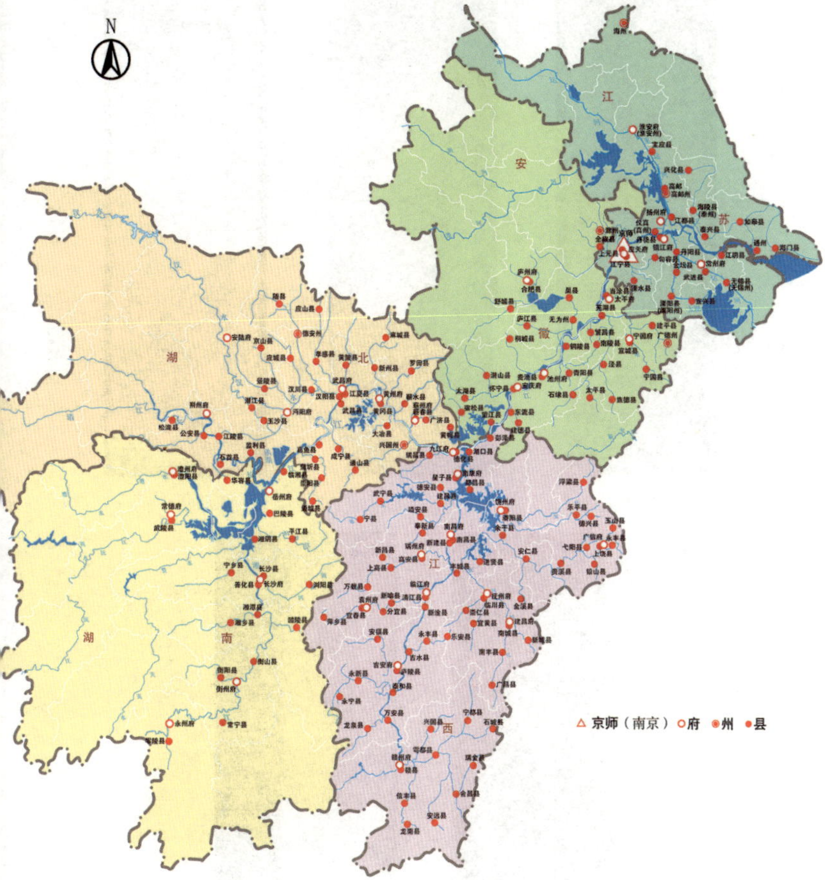

南京明城墙砖产地分布示意图

安徽砖

江苏砖

江西砖

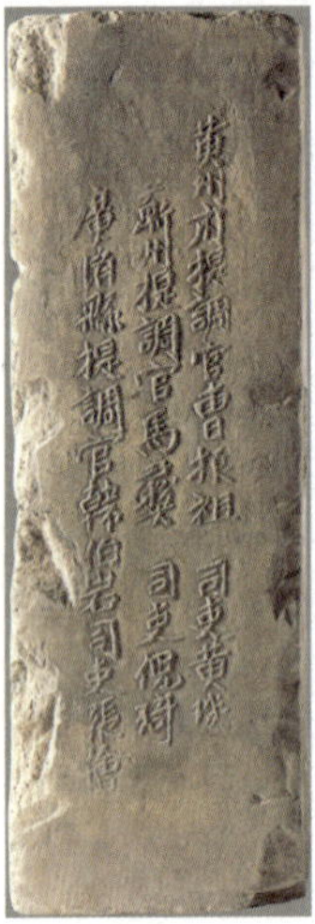

湖北砖

湖南砖

军队砖——广洋前所

军队砖——幕府水所造

南京工部关防铭文砖

个单位。同时，中央六部之一工部的 8 个单位、军队系统的 26 个单位也参与了城砖的烧造。这样一来，南京城砖的烧造单位共计 196 个。

实际上，到目前为止，根据城砖实物所统计的 37 个府（直隶州）、工部和军队卫所的 196 个制砖单位中，存在着许多缺漏。就县级（含散州或属州）单位而言，1993 年前，季士家先生对照《明史·地理志》就已经发现缺少 60 个县的材料。20 多年过去了，人们陆续发现了扬州府江都县、海门县、宝应县，庐州府巢县，九江府德安县，南昌府宁县，饶州府安仁县、乐平县、浮梁县，广信府弋阳县、贵溪县、铅山县，赣州府雩都县、信丰县、瑞金县、龙南县，武昌府咸宁县，黄州府黄陂县，蕲州府罗田县，长沙府长沙县、善化县、湘阴县、湘潭县、宁乡县，岳州府临湘县、华容县等将近 30 个县级单位的铭文城砖，还有 30 多个县级单位依然没有出现，但这并不能排除它们参与烧造城砖的可能性。此外，明朝礼部编纂的《洪武京城图志》记载的南京 42 个卫中，只发现了水军右卫、飞熊卫、豹韬卫、横海卫、广洋卫、江阴卫 6 个卫烧造的城砖，另外 36 个卫也有可能参与了城砖的烧造。2017 年 10 月 7 日，南京大学蒋赞初教授回忆，20 世纪 50 年代，他曾在南京中央门外的窑址中发现有“沈阳卫”铭文的城砖。我们可以预见，随着对明城砖铭文调查研究的更加系统、全面和深入，造砖单位的数量还会不断增加。

烧制明城砖的责任人

在烧制明城砖的过程中，为加强管理和监督，防止粗制滥造，确保城砖的质量，明朝政府建立了一整套自上而下的生产责任制。从城砖铭文来看，既有府州县各级提调官的本职和姓名，也有农村各级基层组织人员与具体烧造人员的姓名。责任人最多的达 11 级。这不仅在中国建城史上绝无仅有，在世界建城史上也是颇为罕见的。现按等级自上而下介绍如下：

第一级　府级提调官、委提调官

在明城砖生产中，通常情况下，府级提调官或委提调官是第一级责任人。提调官是非常设机构中负责处理相关事务的官员，一般根据需要临时设置，事务结束后取消。府级提调官通常由主管行政事务的知府（知州）

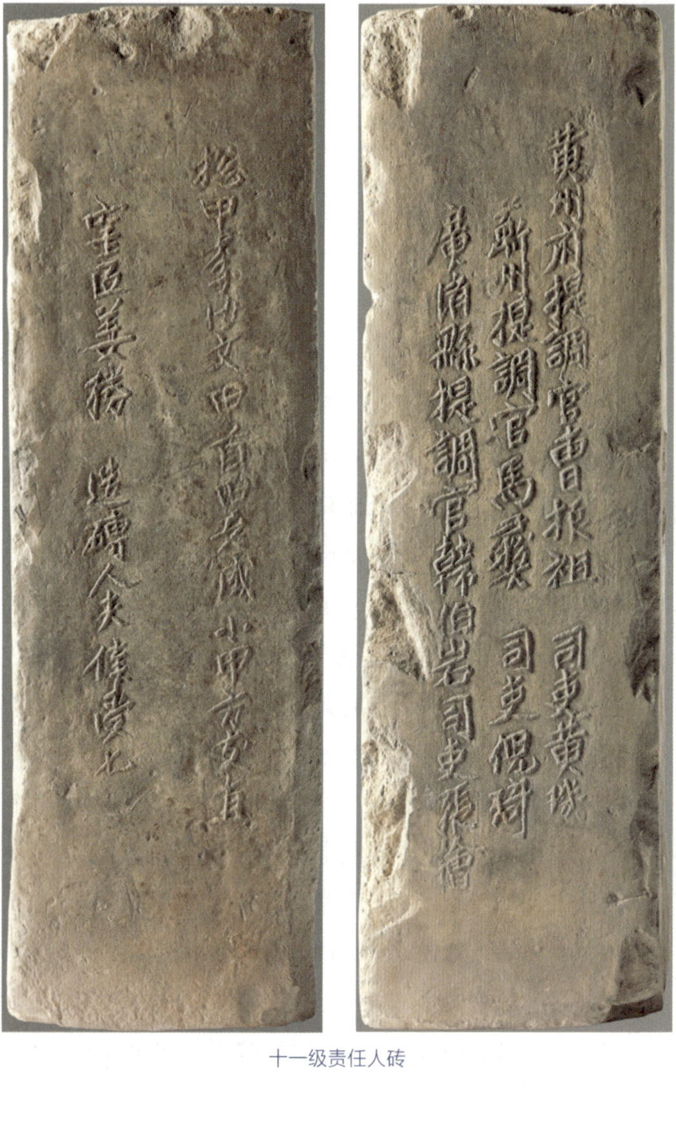

十一级责任人砖

兼任，或由他们委派府（或直隶州）署的同知、通判、经历、知事、照磨、判官、吏目等兼任。

“委提调官”砖

委提调官职能与提调官相同。“委”字表示担任该官职的人员为临时委任。

知府

知府一名，明代才有，以前叫“知某府事”。知府为府一级的行政长官，掌管一府的行政。正四品。

同知

同知在明代是知府或知州的佐官，主要分掌督粮、捕盗、海防、江防、水利等各项事务，分驻指定的地点，正五品。散州的同知为从六品。

通判

知府的属官。分掌粮运及农田水利事务。正六品。

经历

知府的属官。又称府经历，主管官署中的总务工作，收发上下文件，随时接受知府交给的各项临时性工作。正八品。

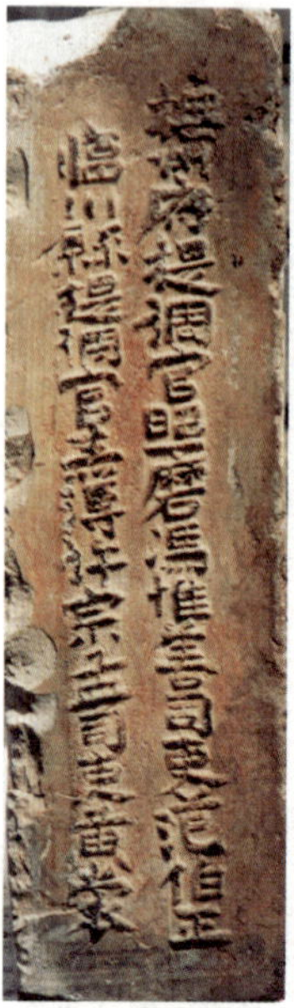

"照磨"砖

知事

知事是知府直属的内部中级事务官，又称府知事，正九品。

照磨

知府的属官。掌管卷宗、钱谷的属吏，负责审计工作，从九品。

吏目

知州的属官。掌出纳文书，或分领州事。从九品。

检校

知府的属官。是检察校核公事文牍的低级官员。未入流。

典吏

又称书吏。散州或直隶州知州的属官。掌管文移的出纳。

府丞

丞，通"承"，有"辅佐"的意思。是府一级编制中的低级辅佐官。未入流。

典司

意思是"主持"。指相关主持人。是府一级编制中的低级官员。未入流。

权官

“权”表示暂时兼代。权官是与正职官有区别但有同样权力的官员，故加上“权”字加以识别。当正职官暂时不能充任时，则外加权官顶上代替。

第二级　府级司吏、府吏、令史

司吏

简称“吏”。府署中负责办理文书的普通官吏，在明城砖责任人中出现的频率仅次于提调官。在明城砖生产中，府级司吏通常是明城砖生产中的第二级责任人。未入流。

府吏

在明城砖生产中，府级司吏有时直接写成府吏，以示他们与县级司吏的不同。府吏实际上就是司吏，他们是府署中的普通官吏。未入流。

令史

府署中负责办理文书的普通官吏。《简明古代职官辞典》中说，明代已经废除该官职。但是在应天府句容县的城砖中，却出现了“令史”这一官职。

第三级　州级提调官

州级提调官是第三级责任人，由直隶州主管行政的知州兼任，或由他们委派州衙门的判官等兼任。明城砖铭文中较少出现。

知州

州级最高行政长官，掌管一州的行政。知州分两种：一种为直隶州知州，其地位稍低于知府，从四品；一种是散州的知州，其地位与知县相同，正七品。

判官

判官，是地方长官的僚属，佐理政事。明代仅州一级行政建置设有判官，故又称州判。从七品，无定员。

“县级提调官”砖

第四级　州级司吏

州衙中负责办理文书的普通官吏。未入流。

第五级　县级提调官、委提调官

县级提调官或委提调官是第五级责任人，由县（或散州）主管行政的知县（或知州）兼任，或由他们委派县（或散州）衙门的县丞、主簿、典史等兼任。

知县

知县一名，明代才有，以前叫“知

某县事”。知县是一县之最高行政长官。明代散州的知州，其地位略同于知县。正七品。

县丞

知县的佐官，协助知县管理县政，主管文书和仓狱。正八品。

主簿

知县的佐官，负责文书、簿籍和印鉴的管理。无定员，正九品。

典史

知县的属官，协助知县处理刑狱。当县丞、主簿不在时，则由典史兼理其事务。未入流。

第六级　县级司吏

县衙中负责办理文书的普通官吏，在明城砖责任人中出现的频率仅次于提调官。在明城砖生产中，县级司吏通常是明城砖生产中的第六级责任人。

第七级　总甲、里长、监工

总甲

总甲是明代社会的重要职役名称之一。总甲承应官府分配给一里的捐税和劳役等。在“总甲—甲首—小甲”组织中，总甲实际上是明城砖烧制中的农村基层组织管

“里长”砖

理人员。

洪武十四年（1381），明朝政府在全国推行里甲制度。明城砖中总甲、甲首、小甲这三级责任人出现的时间，早于里甲制度产生的时间，它与里甲制度之间可能存在着某种渊源关系。

里长

就是一里之长，明代以前称为里正。明朝赋役制度规定，以 110 户为一里，从中推选出田多丁多的 10 户轮流充当里长（相当于后来的总甲），其余 100 户分十甲，每甲 10 户，分别轮流充当甲首。里长和甲首的任期均为一年。

监工

烧制城砖过程中，负责监督质量的人员。其角色往往由里长担任。如，“洪武七年月卅二都监工里长□□□”字样的铭文砖，表明监工就是里长。其他的监工铭文砖还有“监工夏通王滔”“监工江德贵”“监工通荣春”等。并且“监工”铭文的城砖，大多来自武昌府兴国州。

第八级　甲首、作头、粮长

甲首

即甲长，小头目。农村基层组织中的管理人员。

作头

窑场生产的组织者、管理者和生产者。如“作头杨祥匠人朱壬”“作头阎逵”“作头邓名十”。

粮长

明朝征解田粮的基层半官职人员，是明朝政府为确保赋税收入而设立的。据《明太祖实录》卷 68 记载，洪武四年（1371）始设于江苏、安徽、浙江等省，其后又推广到湖广、江西、福建等省。凡纳粮一万石或数千石的地方划为一区，由官府指派“田土多者为粮长，督其乡之赋税”，督征和解运该区的田粮。明朝中期以后名额增加，职权减轻，并改为轮充制，多强迫贫苦百姓担任。在南京明城砖中，我们发现了 2 块有“粮长”字样的城砖铭文，一块铭文是“抚州府临川县提调官主簿许宗孟司吏黄裳粮长饶□”，另一块铭文是“里长徐□粮长张清窑匠汪清”。

第九级　小甲、粮户、田户

小甲

又称小甲首，是农村基层组织中承担赋役的百姓。

九级责任人砖

粮户

农村基层组织中承担赋役，并向粮长缴纳粮食的农民。在吉安府安福县生产的城砖中，有这样 2 块砖文，一块是“总甲刘孟和甲首王子林粮户刘子韶造砖窑匠肖顺一”，另一块是“总甲刘孟和甲首王子林小甲刘伯交造砖窑匠王正五人夫□□□”。2 块砖文中，“总甲”和“甲首”人名相同，而“小甲”与“粮户”是对应的，所以，我们认为“粮户”实际上就是“小甲”的俗称。

田户

即粮户，是承担赋役、从事农业生产的农民。

第十级　窑匠、作匠、民匠、匠人、工匠、造城砖工匠

窑匠又称造砖窑匠、作匠、民匠、匠人、工匠、造城砖工匠，是烧制城砖的工匠。他们是明城砖责任人中地位与坯匠和造砖人夫相同的一个阶层。在我们所见到的城砖中，大多使用“窑匠”一名，而荆州府、武昌府等地生产的城砖中使用“作匠”的情况比较多。

第十一级　造砖人夫、坯匠

造砖人夫

又称造砖人户、造砖人、人夫，简称人户，是直

接从事城砖烧制的普通百姓。他们是明城砖的实际生产者，也是明城砖责任人中的最下层人员。在笔者所见到的城砖中，一般都使用“造砖人夫”这一称呼，而武昌府烧制的城砖中多使用“人户”这一称呼，我们认为这是地区差异所形成的。

坯匠

“均工夫”砖

制作砖坯的工匠，地位与造砖人夫接近。在常州府宜兴县城砖中，有“窑匠张安坯匠陈荣七造砖人夫高敬示”字样。在常州府无锡县城砖中，还有“窑匠曹真陈秦保坯匠管寿八造砖人夫王三冯付二安道倪通”字样。

其他

南京明城墙需要的城砖数量巨大，窑匠、坯匠和造砖人夫等常常不敷使用，所以政府常以均工夫承担。“均工夫”，又称“均土”。据《明太祖实录》卷 54 记载，洪武三年（1370）所定的按田征役的制度规定，每户有田一顷出丁夫一人，名曰均工夫役。每年农闲时到京城服劳役 30 天，期满回家。田不足一顷的农户，由几户凑足出丁；田多丁少者由田主出米一石派佃户充夫，非佃户充夫者由田主按亩出米二升五合给予补助。实际服役的都是贫苦农民和佃户。此制仅施行于部分地区，后为里甲制所代替。在南京城墙中可以见到“临江府新喻县均工夫役造”“临江府新喻县四十一都洪武四年均工夫造”“临江府新淦县洪武四年均工夫造”“洪武七年均工夫造城砖工匠黄一”等字样的城砖。均工夫承担的工作既有造砖，也有烧窑和制作砖坯。

南京明城墙历经600余年风雨侵蚀，仍然坚如磐石，这与明朝政府实行“物勒工名”的城砖生产责任制密不可分，这种生产责任制对于我们今天进行廉政建设、促进经济发展具有重要借鉴意义。

娴熟规范的制砖技艺

南京明城墙的巨量城砖，来自长江中下游的广袤地区，即今天的江苏、安徽、江西、湖北、湖南五省 37 个府（包括直隶州）162 个县级单位，以及工部和军队卫所。

近 20 年来，有关南京明城砖的窑址在各地相继被发现。如，1998—1999 年发现的安徽省繁昌县新港镇窑址和新淮乡窑址，出土了“太平府提调官”“繁昌县提调官”等铭文砖。2000 年发现的湖北省武汉市江夏区大桥镇庙山村窑址，出土了“武昌府江夏县提调官主簿”等铭文砖。2006 年发现的湖南省岳阳市君山区窑址，出土了“洪武三年制”“洪武十年□”“总甲石继先”“甲首金受七”等铭文砖。2016 年发现的江西省黎川县中田乡黎滩河畔窑址，出土了“建昌府新城县”等铭文砖。

安徽省繁昌县明代城砖窑址

湖北省武汉市江夏区明代城砖窑址

湖南省岳阳市君山明代城砖窑址

江西省黎川县中田乡明代城砖窑址

江苏省南京市栖霞区摄山街道官窑村明代城砖窑址

2016—2017年考古发掘的南京栖霞区官窑村窑址，出土了“应天府提调官……上元县提调官”等铭文城砖。这些窑址的陆续发现，为南京明城墙砖产地提供了有力的证据。

明代制砖技艺，在当时著名科学家宋应星《天工开物》一书中有专门记载，现将这段经典性的文献引述如下：

凡埏泥造砖，亦掘地验辨土色，或蓝或白，或红或黄闽广多红泥，蓝者名善泥，江浙居多，皆以粘而不散、粉而不沙者为上。汲水滋土，人逐数牛错趾踏成稠泥，然后填满木框之中，铁线弓戛平其面，而成坯形。

泥造砖坯

砖瓦济水转锈（釉）窑

（明）宋应星《天工开物》中的制砖图

……………

凡砖成坯之后，装入窑中。所装百钧则火力一昼夜，二百钧则倍时而足。凡烧砖有柴薪窑，有煤炭窑。用薪者出火成青黑色，用煤者出火成白色。凡柴薪窑，巅上偏侧凿三孔以出烟。火足止薪之候，泥固塞其孔，然后使水转釉。凡火候少一两，则釉色不光。少三两，则名嫩火砖，本色杂现，他日经霜冒雪则立成解散，仍还土质。火候多一两则砖面有裂纹。多三两则砖形缩小拆裂，屈曲不伸，击之如碎铁然，不适于用。巧用者以之埋藏土内为墙脚，则亦有砖之用也。凡观火候，从窑门透视内壁。土受火精，形神摇荡，若金银熔化之极然，陶长辨之。

南京明城砖形状一般为长方形，平均长 40—45 厘米，宽约 20 厘米，厚 10—12 厘米，重 10—20 公斤。为保证城砖的质量，城砖从原料配置、制作砖坯到入窑烧制，都有十分严格的操作规范和熟练的烧造技术。

第一步，选土。烧砖的土质以粘而不散、粉而不沙者为上。将土堆至场地中央，经日晒雨淋，使其颗粒分解无硬块，先过大小筛各一遍，然后经泥池过滤为泥浆，池满后，待其自然沉淀。

第二步，练泥。从滤池中取出泥，驱逐牛反复践踏，或者由人用脚在泥中踩踏，使其稠而均匀。

第三步，制坯。从练好的泥中取一块约 30 公斤重的泥料填满木框之中，铁线弓刮平其面。去掉木框，将砖坯风干。砖坯必须棱角分明，六面平正。

第四步，入窑烧制。城砖因材质不同，一般分为白色、青黑和灰黑色城砖三种，极少数城砖呈红色。

南京明城墙的兴建，据初步估计共耗费了数亿块城砖。由于城砖来自各地，故其材质也呈多样性，有粘土砖、砂土砖和瓷土砖三种。

粘土砖主要选择粘而不散、颗粒粉细而不含砂粒的好粘土，用水滋润，经过人畜反复践踏后制成泥坯，晾干后入窑烧制，成品颜色呈青黑色，质地细密、坚硬，吸水性较弱。这类城砖数量最多、产地最广，如扬州府

青黑色粘土砖

“洪武元年造”铭文粘土砖

泰兴县砖就属于此类。

砂土砖就是粘土中含有部分砂粒，颜色呈灰黑色的城砖。这类城砖质地紧密、坚硬，吸水性较强。在数以亿计的南京明城墙砖中，数量仅次于粘土砖而多于瓷土砖。太平府当涂县砖多属于此类。这类城砖颜色多为青色，也有少数在烧制过程中，因氧化还原不够充分，呈现微红色。

瓷土砖，又称高岭土砖，质地细腻紧密，表面光滑，吸水性较弱。在以粘土砖和砂土砖为主的南京明城砖中，瓷土砖属于珍品。这类城砖大多来自江西省，颜色多为白色或米黄色，如袁州府萍乡县砖、袁州府分宜县砖等。

红色砂土砖

灰白色高岭土砖

南京明城砖由于经过严格规范的选土、练泥、装坯、制印、晾干、装窑程序，然后才入窑烧制，因此烧制出来的城砖形制规整，厚实沉重，虽历经600多年风霜雨雪，依然刚硬如铁。所以，称南京明城墙为“铜墙铁壁”一点也不过分。

缤纷多姿的书法艺术

明代南京城除了外郭城墙主要用夯土砌筑外，宫城（周长 3.4 公里）、皇城（周长 9 公里）和京城城墙（周长 35.267 公里）三重城墙都是用砖石构建，其中铭文城砖占主要成分。在这三重城墙的内外墙壁上，满眼都是城砖铭文。南京城墙仿佛是一座巨大的露天书法展墙，默默地展示着明代书法家尤其是民间书法艺人的书法成就，这不仅在中国书法史上极为罕见，在世界范围内也是一朵奇葩。

南京明城墙砖文，可以说是篆书、隶书、楷书、行书、草书五体俱全，另外还有一些介于隶书与楷书之间的过渡体。这些书体绝大多数为阳刻，也有少数是阴刻和双线刻。这些书法作品，经历了书写、刻模、制坯、烧制的过程以及 600 多年来的日晒雨淋，尽管存在着不同程

城垣上砖文历历在目

度的磨损和风化，依然保持着迷人的魅力。

明朝书法完全处在元人书风的笼罩之中，大体上离不开康里巎巎、赵孟頫的影响。活动在元末明初的书家，或显于朝，或守于野，或死于明初文字狱，许多人如流星闪烁。元末明初主要书家有“三宋”“二沈”。其中宋克（1327—1387）小楷为明代第一；宋广（生活在洪武年间）、宋璲（1344—1380）善草书；沈度（1357—1434）以楷书名世，草书亦不凡；沈粲（1379—1453）以草书名世。明初提倡程朱理学，书法在复古主义思想指导下，宗法晋唐，但强调法度和实用，并不注重其艺术功能。同时，书法成为歌功颂德、粉饰太平的工具，真正的艺术创作精神被扼杀。

就明城砖铭文而言，明城墙的造砖单位近200个，涉及今天的江苏、安徽、江西、湖南、湖北五省和工部、军队卫所，由于地域和单位不同、工具和材料有别，以及书写者个性气质及审美趣味存在着差异，刻模者表现技巧水平不一，即使明朝政府已经赋予了城砖特定的功用、目的及其相应的格式，然而城砖铭文在强调实用的前提下，依然充分展现出千差万别的风貌。

篆书

到目前为止，在明城墙砖中，发现的篆书铭文砖仅

“吉安府泰和县”篆书砖

“吉安府泰和县”楷书砖

有1块。铭文为“吉安府泰和县”六字，竖书，阳刻。布局谨严，线条圆润，苍劲有力。其中的“和”字，“禾”“口”位置颠倒，仿佛是稻穗挂在枝头。有趣的是，另一块同样铭文的城砖，使用的是标准的楷书。

隶书

隶书在南京明城墙砖铭文中也很罕见。汉代是隶书流行的时代，此后隶书主要用于书写碑碣，以体现其古朴庄重。迄今为止，仅发现1件隶书作品的铭文是“洪武七年造”。这件作品为横书左读，阳刻。在竖书右读占统治地位的封建时代里，这种反传统的书写方式显得卓尔不群。这件作品字体娟秀，笔法俊逸，布白疏朗，瘦劲挺拔。横画的起收笔不

“洪武七年造”隶书砖

出锋，趋于平直，受楷书的影响较为明显。“七”字的竖弯勾深得隶书的精髓，与《晋恭帝玄宫石碣》中的“七”字相似。“造”字的偏旁走之连为一体，既有气势，又增加了字的美感。这件作品应为民间书家中的高手所为，经过刻工的传神妙刀，成为南京明城砖铭文中的代表作之一。

楷书

楷书是南京明城砖铭文的主要书体。自六朝时期起，千百年来，楷书一直是我国书法艺术的主流。明城

楷书砖（袁州府宜春县）

楷书砖（造砖人夫“寿南山”，隐喻“寿比南山”的姓氏文化砖文）

"官前窑"砖

砖楷书书体又分成三种：

1. 规整的楷书

一般来说，模印和戳印的楷书铭文字体相对比较工整、规范。这类书体不管字体大小如何，书家都是一笔一画地书写，刻工一刀一刀地刻划到模子上，然后模印到砖头上，大多数都是阳刻。有的书体堪称是精品力作。如江西省袁州府宜春县生产的洪武十年砖，字迹秀美颀长；瑞州府上高县生产的城砖，字体粗犷雄强。但也有一些城砖铭文，书写和刻工的水平比较低劣。如南昌府丰城县的城砖铭文，字体粗糙拙朴，书体不一，不过这种情况比较少见。

在规整的楷书中，阴刻作品也有值得称道者。如"官前窑"，笔法横轻竖重，具有柳体风范。"南京工部关防"，竖书，用笔、章法和布白都比较合理，在字的周边，有一长方形边框，整体上看上去，就像是一颗印章。

2. 随意的楷书

在铭文中，还有一种楷书，系工匠用树枝或利器直

“廿七都”砖

楷书砖（应天府江宁县的手写砖文，洪武六年）

接在未干的砖坯上信手写来，显得率性质朴，别有风味。如“应天府江宁县横山北乡提调官县丞司隶韩工匠汤洪武六年”铭文砖，铭文共25个字，分三列书写，第二列比第一列低大半格，第三列又比第二列低大半格。由于砖坯未干时各个部位的泥土硬度不同，加上书写者下笔轻重缓急不一，所以刻划的印迹有深有浅。如“府”字的一竖和竖弯勾，刻痕较深；而“江”字两横竟然带有明显的隶书笔意。再如“廿七都”铭文砖，总共只有3个字，书写也较为随意。这类铭文，字体拙朴，较直观地体现了明代民间文化人的书法水平。但这种直接在砖坯上刻划文字的现象在明城砖铭文中并不多见，但从

长沙府双线刻砖

武昌府双线刻砖

一个侧面反映了明朝政府对砖文书体的包容性。

3. 艺术化的楷书

这种楷书铭文均产自湖南、湖北。它是沿着字体的笔画内外（或上下、左右）边缘，在模子上用刻刀阴刻而成。俗称为双线刻。这种表现形式比通常的阳刻要简单，而比阴刻要复杂。因为阳刻要剔地，以凸显文字，所以比较费工费力；而阴刻直接在模子上奏刀即可，相对比较省工省时。这种楷书表现形式给规范划一的城砖铭文增添了一道亮丽的风景，在明城砖铭文中可谓是另类。如长沙府醴陵县、长沙府浏阳县、长沙府湘阴县、岳州府华容县的铭文砖，镌刻都相当细腻美观。这种主要见于湖南的书法形式，想必与当地流行的书法风格有一定的关联。此外，湖北武昌府蒲圻县、黄州府蕲州罗田县烧制的城砖铭文，也有用双线刻的。

行书

在明城砖的铭文上，我们常常可以发现个别铭文采用的是行书字体。在楷书字体占主导地位的铭文中，行书字体的出现令人耳目一新。而在吉安府安福县生产的城砖中，有一块城砖，其正反两面的铭文绝大多数字是用行书体写成。

吉安府安福县行书砖（正面）

吉安府安福县行书砖（背面）

草书“寿”字砖照片

草书

在城砖中，草书“寿”字显得别树一帜。在南昌府丰城县生产的城砖中，阳刻的“司吏万宗程”的“万”字写成了草书。这种在楷书铭文中夹杂草书字体的做法，可谓绝无仅有。

从以上书体，我们可以得出这样的结论：明朝政府尽管对于城砖的制造设置了层层的责任人制度，并且对于城砖的铭文也有一定的格式要求，但是，对于城砖的书体、表现形式似乎没有硬性的规定，而总长约48公里的宫城、皇城、京城内外三重城墙（外郭城墙除外），给民间书法的发展营造了良好的氛围和发展的空间，使得我们今天能够在大量的南京城砖铭文中，窥见明代初期书法艺术的缤纷多姿。南京城墙砖文在我国书法史上理应占有一席之地。

异军突起的简化字

汉字产生后，在历史的发展演变过程中，既出现了繁体字，也出现了简化字。简化字的发展，源自汉字简化的一脉，已有1000多年的历史。魏晋南北朝时期，在常用的楷体汉字中，已有一些形体比较简单的字在民间流行（刘叶秋《中国字典史略》，中华书局1983年版），称为俗体字、简体字或简化字。隋唐时代，俗体字逐渐增多，在民间普遍使用。唐代颜元孙著《干禄字书》和王仁煦著《刊谬补缺切韵》，收录了相当多的当时使用的俗体字。宋元时期，俗体字在民间更是广为流行。1930年，中央研究院历史语言研究所出版的刘复、李家瑞合编的《宋元以来俗字表》，收录宋元明清12种民间刻本中所用的俗体字多达1600多个，与今天使用的简化字完全相同的有“实”“宝”“万”“礼”

“听”“旧”“与”“庄”“梦”“虽”“医”“阳”“凤”“声”“义”“乱”“台”“党”“归”“办”“辞”“断”“罗”“会”“怜”“怀”“战”等，共达330多个。由于这些俗体字未必符合汉字原来的象形、指事、会意、形声、转注、假借“六书”标准，因此长期没有取得合法地位，有的俗体字在过了某一段时间后，因无人使用而被遗忘。

1935年，钱玄同主持编写的《简体字谱》草稿，收简体字2400多个。同年8月，国民政府教育部采用这份草稿的一部分，公布了《第一批简体字表》，收字324个，虽然在第二年的2月又通令收回，但毕竟是我国历史上由政府公布的第一个简体字表。

1949年中华人民共和国成立后，即着手推行简化汉字。1952年，中国文字改革研究委员会成立。1955年，国务院成立汉字简化方案审订委员会。1956年，《汉字简化方案》经汉字简化方案审订委员会审订，由国务院全体会议第23次会议通过，并在《人民日报》正式公布，在全国推行。以后这个方案根据使用情况而略有改变。1964年，中国文字改革研究委员会出版了《简化字总表》，共2236字，这就是今天中国大陆的用字标准。由此可见，简化字并非是凭空捏造的，而是把此前在民间流传已久的“俗字”通过国家力量，转变为规范汉字。

在南京明城砖铭文中，存在相当数量的简化字，是研究我国汉字发展的重要实物资料。根据我们的实地调查和统计，到目前为止，明城墙砖文中出现的规范的简化字至少有刘、礼、时、邹、实、万、与、寿、沈、庐、调、粮、窑、砖、号、宝、太、国、龙等，这些简化字涉及人名、地名、官职、身份等多个方面。

人名的简化

刘　繁体字作劉。这个简化字在明城砖中出现的最多，使用的范围最广。据初步统计，宁国府太平县、池州府贵池县、庐州府合肥县、庐州府巢县、吉安府泰和县、吉安府庐陵县、吉安府吉水县、吉安府安福县、吉安府永丰县、九江府瑞昌县、抚州府宜黄县、抚州府金谿县、赣州府兴国县、赣州府龙南县、赣州府赣县、赣州府会昌县、南康府星子县、临江府清江县、临江府新淦县的砖文中均有发现，且皆是人名。令人惊奇的是，千里之外的湖北荆州明城墙砖文中，简

简化字“刘”字砖

化字“刘”也是使用范围最广的（张世春编著《荆州城文字砖》，武汉出版社 1999 年版）。这绝非是偶然的巧合，它反映了简化字“刘”的使用在明朝民间已经具有广泛的群众基础。

礼 繁体字作禮。出现在南昌府丰城县、南昌府靖安县、赣州府赣县、吉安府庐陵县、庐州府巢县、饶州府余干县、抚州府宜黄县、常州府江阴县制造的城砖上，全部属于人名的简化。

时 繁体字作時。在宁国府宁国县烧制的一批城砖中，砖文字体各不相同，显然是由不同人书写的。耐人寻味的是，司吏“李时中”的“时”也使用了简化字，这从一个层面折射出简化字在民间的魅力。而在宁国府宣城县制造的城砖中，司吏“李时中”的“时”使用的却是繁体字。赣州府宁都县的城砖中，甲首“刘时达”、小甲“刘时□”的“时”均使用了简化字。

邹 繁体字作鄒。在南昌府新建县制造的城砖中，有一块砖文为“總甲李仁甫甲首黄克紹小甲邹用和窑匠黄五人夫遠近中”，分两列书写，其中的“邹”为简化字；同一地区出产的另一块砖文为“總甲王友才甲首徐□□小甲晏龙升窑匠徐平二造磚人夫邹受用”的城砖中，“邹”也为简化字。在武昌府通城县和太平府当涂县的城砖砖文中，司吏“邹均贤”和造砖人“邹荣”的“邹”

用的也是简化字。

实　繁体字作實。在池州府贵池县、池州府青阳县、池州府旌德县、池州府石埭县、池州府铜陵县和池州府东流县生产的城砖中，府级司吏“朱仲實”一律简化成了“朱仲实”。池州府铜陵县城砖中的另一位县级司吏“叶茂实”的“实”也是简化字。在江西瑞州府新昌县制造的城砖中，司吏“胡平實”简化成了“胡平实”。在广信府上饶县生产的城砖中，甲首“余彦实”的“实”用的是简化字。在镇江府丹阳县生产的城砖中，造砖人“李实”的“实”也是简化字。

万　繁体字作萬。出现在扬州府通州、南昌府靖安县和丰城县制造的城砖中。前者窑匠“顾万一”的“万”，后者司吏“万宗程”的“万”，均使用的是简化字。在明故宫午门门洞墙壁上，有一块城砖，小甲“万福八”用的是简化字，窑匠“萬仁二”用的是繁体字，在一块砖上同时出现一个字的繁体和简体，堪称奇观。

简化字“万”“刘”“窑”字砖

与　繁体字作與。在临江府新淦县生产的城砖中，总甲“肖与同”的“与”

简化字“沈”字砖

用的就是简化字。

寿　繁体字作壽。在常州府无锡县制造的城砖中，坯匠“管寿八”的“寿”字使用了简化字。

沈　繁体字作瀋。在明故宫午门门洞中出现，系窑匠“沈荣一”之名，因是残砖，又砌筑在墙上，所以具体生产地点不详。

地名的简化

简化字“庐”“礼”“刘”字砖

太　“太”字与“泰”字现在看来风马牛不相及，而在吉安府泰和县制造的城砖中，竟然将一个堂堂的县名“泰和”简化成“太和”。其实，这种现象早在六朝时期就已经出现。从出土六朝墓砖上我们可以发现六朝时的“泰”，常常被简化成“太”。如宋明帝“泰始元年”，写成“太始元年”。可见，这种简化字在民间一直使用了1000多年。

庐　繁体字作廬。庐州府合肥县、庐州府巢县、吉安府庐陵县的府县名称“庐州府”“庐陵县”的“庐”均使用了简化字，全部属于地名的简化。

官职的简化

调　繁体字作調。在南昌府南昌县、吉安府泰和县制造的城砖中，提调官的“調”简化成了“调”。宁国府宁国县、赣州府兴国县、赣州府宁都县、抚州府临川县制造的城砖中，也使用了简化字“调”。而其他地区制造的城砖大多采用的是繁体字。提调官作为官职名称，采用简化字，是否意味着某种程度上官方的认可？

简化字“调”“万”字砖

粮　繁体字作糧。在南京发现的一块城砖铭文内容是“粮户黄名可□人范先窑匠邓万七黄□”，产地不明。另一块城墙铭文是“抚州府临川县提调官主簿许宗孟司吏黄裳粮长饶□”，砖文为阳刻，楷书，分五列书写，来自江西临川县。

简化字“粮”字砖

身份的简化

简化字“窑”字砖

窑 繁体字作窯。在明城砖制造中，“窑匠”是一个举足轻重的责任人，部分城砖中窑匠的“窑”为简化字。

砖 繁体字作磚。在南京明城砖中，“造磚人夫”是其中的一个重要的责任人，也是排列在总甲、甲首、小甲、窑匠之后的最后一个生产环节的实际生产者，几乎所有的城砖侧面都有“造磚人夫”这四个字。在出现频率极高的这四个字中，我们意外地在吉安府吉水县制造的城砖中发现了简化字的“砖”。

其他

号　繁体字作號。在南京明城砖中，出现一些产地、性质不明的城砖，上面只有三五个字，其中的号均是简化字。如“池四号”“宝六号”“太字号”“幕一号”“幕府一号”“山字六号”“淳字六号”“山二十六号”等。

“幕一号”砖

宝　繁体字作寶。明城砖一些字号砖中，用的都是简化字。如“宝二”“宝四”“宝六号”“宝九”等。

此外，还发现了一些不规范的简化字，如国、龙等。

“宝四”砖

国　繁体字作國。据《明太祖实录》卷52记载，洪武三年（1370），明令禁止百姓取名使用天、国、君、臣、圣、神、尧、舜、禹、汤、文、武、周、秦、汉、晋等字，但对地名使用“国”字没有限制。在赣州府兴国县、宁国府南陵县、宁国府宁国县、宁国府泾县、宁国府太平县、宁国府宣城县、武昌府兴国州制造的城砖砖文中，简化字“国”中间的“玉”少了一点变成了“王”，这倒符合“普天之下，

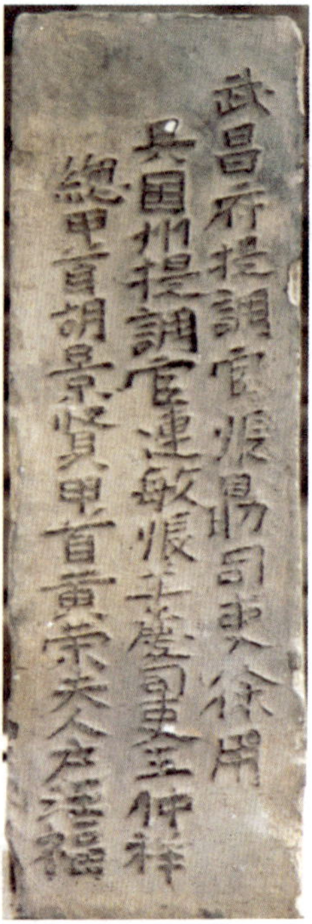
简化字“国”字砖

宁国府宣城县“国”字少一点

莫非王土；率土之滨，莫非王臣”的传统观念。但不知是书写者或刻工有意为之，还是民间有这种写法，或者是烧制过程中的脱漏。我们以为，这么多城砖上的“国”字均少一点，绝非偶然，应该是民间流行的写法。巧合的是，太平天国时期的“国”字也是这种写法，看来，所谓由天王洪秀全创造的“国”字，实际在明朝就已经存在了。

龙 繁体字作龍。在明城砖砖文中，多在“尢”字右下边的竖弯勾上加上两撇，写成“龙”。现在这种写法尽管没有得到官方的认可，但是我们不能否定这样一个事实，这就是，按照我们今天的标准来衡量的话，它显然属于明朝时期民间流行的不规范的简化字。

明城砖中之所以会产生如此多的简化字，究其原因，主要有三个方面：一是这些简化字在民间已经流行多年，有的甚至流行了上千年，具有广泛而又深厚的社会基础；二是明朝政府对城砖的质量有严格的要求，但对砖文的书体并没有硬性的规定，这种默认的态度给了各地的民间书家和刻工提供了一个自由发挥的空间；三是简化字相对于繁体字而言，笔画少，书写、刻模都比较便捷，特别适合在城砖上使用。因此，明城墙砖文中出现较多的简化字也就不足为奇了。

刘伯温与明皇宫

明朝的皇宫建筑群由宫城和皇城组成。

其中，内层的宫城平面呈正方形，东西宽0.75公里，南北长0.95公里，周长3.4公里，宫墙周围有御河环绕。宫城内，中轴线上的“前朝”三大殿——奉天殿、华盖殿、谨身殿及“后寝”两宫——乾清宫、坤宁宫，以及东侧的文华殿、奉先殿和柔仪殿，西侧的武英殿、御花园和春和殿等都位于宫城之内。

在宫城之外，建有皇城，平面呈倒“凸”字形，东西宽2公里，南北长2.5公里，周长约9公里。太庙、社稷坛建在宫城之南、皇城之内。

明朝的皇宫就位置而言，整个东移，几乎建在了燕雀湖上。明朝地理学家王士性《广志绎》记载：“然则孙吴六朝宫城乃在汉府、珍珠河之间，武定桥为朱雀航

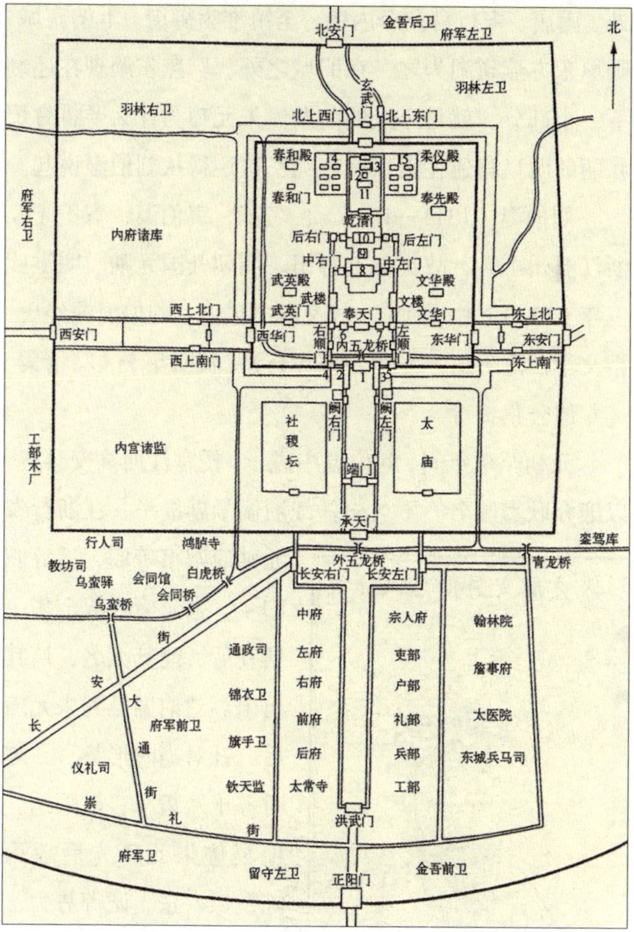

明南京宫城皇城复原示意图（潘谷西《中国古代建筑史》第四卷）

1. 午门 2. 右掖门 3. 左掖门 4. 西南角楼 5. 东南角楼 6. 西角门 7. 东角门 8. 奉天殿 9. 华盖殿 10. 谨身殿 11. 乾清宫 12. 省躬殿 13. 坤宁宫 14. 西六宫 15. 东六宫

处。南唐、宋行宫在今内桥，至镇淮为御街。本朝宫城，则填东方燕雀湖为之，在旧城之外。”燕雀湖现在还剩下一小部分，就是今天的前湖。朱元璋为什么要将辉煌壮丽的明皇宫建在南京城东呢？这还得从刘伯温说起。

刘伯温（1311—1375），名基，字伯温，青田（今浙江温州）人，故又称刘青田。明朝开国元勋。明洪武三年（1370）封诚意伯，故又称刘诚意。刘伯温通经史、精文学、擅阴阳，著有《郁离子》《覆瓯集》《写情集》《犁眉公集》等。

元朝至顺年间，刘伯温中进士，授官江西高安县丞，以廉介耿直闻名。不久出任江浙儒学副提举、江浙行省元帅府都事等职，后辞职归乡。朱元璋攻取金华、括苍后，闻其大名，请其出山。刘伯温见到朱元璋后，针对当时形势，“陈时务十八策”，被采纳。他辅佐朱元璋先后攻灭陈友谅、张士诚等势力，并建议朱元璋脱离红巾军领袖“小明王”韩林儿自立，同时以“大明”

刘伯温

为国号招揽天下人心。其后，他辅佐朱元璋制定灭元方略，派兵北伐中原，成就一代帝业，开创大明王朝。朱元璋多次称刘伯温："吾子房也。"（《明史》卷128《刘基传》）

刘伯温与宋濂、高启并称"明初诗文三大家"。洪武三年（1370），太祖授刘伯温为弘文馆学士；十一月，大封功臣，又授刘伯温为开国翊运守正文臣、资善大夫、上护军，封诚意伯，食禄二百四十石。第二年，赐归乡里。

中国民间广泛流传着"三分天下诸葛亮，一统江山刘伯温；前朝军师诸葛亮，后朝军师刘伯温"的说法。他以神机妙算、运筹帷幄著称于世。在民间传说中，刘伯温的形象是料事如神的预言家，有"前知五百年、后知五百年"之说。

据《明太祖实录》卷21记载："丙午八月庚戌朔，拓建康城。初，建康旧城西北控大江，东进白下门外。距钟山既阔远，而旧内在城中，因元南台为宫，稍庳隘。上乃命刘基等卜地，定作新宫于钟山之阳，在旧城东白下门之外二里许。故增筑新城，东北尽钟山之趾，延亘周回凡五十余里，规制雄壮，尽据山川之胜焉。"这段史料告诉我们，南京城墙始建于"丙午八月庚戌朔"（1366年9月5日），而"定作新宫于钟山之阳"——将皇宫

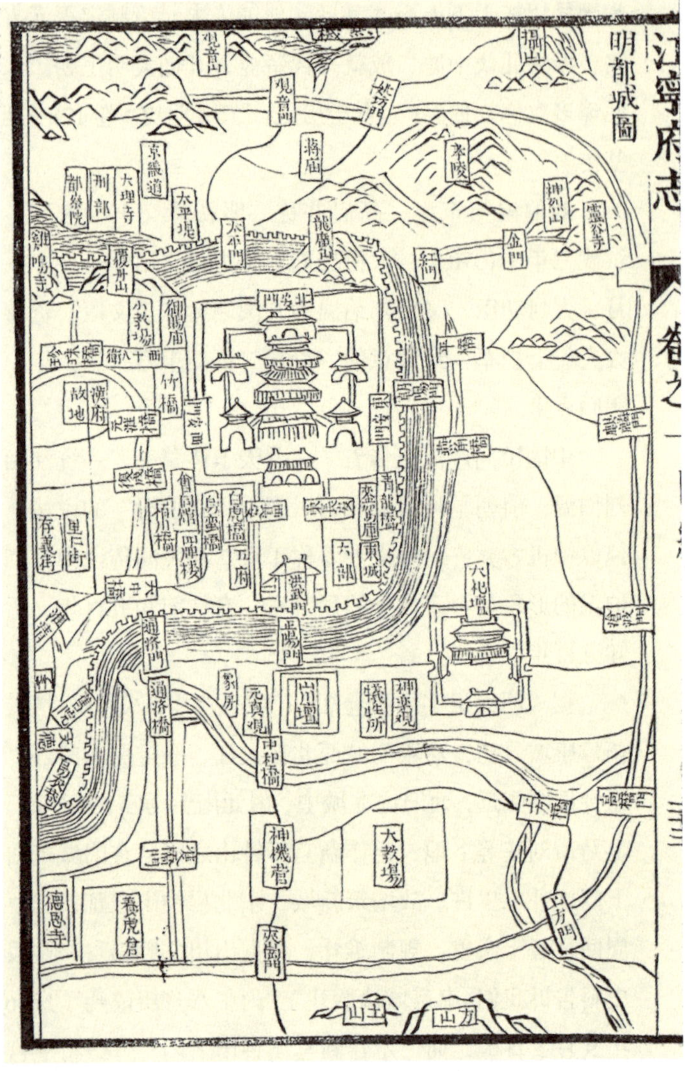

清陈开虞《康熙江宁府志》中的明都城图中的明皇宫

设置在南京城的东部，与刘伯温等人勘察南京山川形胜直接有关。明朝马生龙《凤凰台记事》认为："皇城在京城内之东，当钟山之阳，以乘王气。"

刘伯温等人为何要将皇宫建在南京城内的东部呢？明朝地理学家王士性的《广志绎》给出了答案：

宫城填浮土而弃故墟，或疑其故。余谓，以堪舆家推之，则留都之胜似为左仙宫。……皇祖与青田辈亦熟筹之，历朝以来，都宫郡邑迁徙靡常，城隍墩堑填塞代

明故宫遗址

有，以故洼地渠沼，满眼皆是，地脉尽泄，王气难收，六朝奄忽，有自来矣，故尽弃之；则室庐衢市，人情重迁，不若退卸稍东，挨钟山而填燕雀。

这段话翻译成今天的白话文，意思是：明朝皇宫放弃六朝的皇宫旧址而填燕雀湖建造,有人不了解其原因。我认为，从堪舆家的角度来看，南京城的风水宝地在城内的左边（东边）。……太祖朱元璋与刘青田（刘伯温）等人反复考虑皇宫的位置，发现历朝历代以来，宫城郡邑迁徙无常，城墙壕沟填塞不断，因此洼地渠沼，满眼皆是，地脉尽泄，王气难收，六朝寿命短暂是有其原因的，所以放弃六朝皇宫旧址；然而人烟稠密的街市，居民安土重迁，不如将皇宫建在城东，靠近钟山而填燕雀湖。可见明朝的统治者认为六朝台城遗址是短命王朝的亡国之地，不宜作为皇宫；而在人烟稠集的城南建造皇宫容易扰民，所以刻意地将皇宫东移，以避害趋利。

与刘伯温同时勘定皇宫位置的还有江西老道士黄楚望（相传是刘伯温的师傅）和铁冠道人张景和。据明朝陆粲《庚己编》卷 10 记载：

命（黄楚望）与诚意伯及张铁冠择建宫之地，初各不相闻，既而皆为图以进，尺寸若一。

这段话的意思是，朱元璋命令刘伯温与老道士黄楚望及铁冠道人张景和一起，背靠背选择建立皇宫之地，当他们将皇宫位置图献上后，大小尺寸竟然完全一致。

刘伯温等人所勘定的皇宫位置，虽然位于钟山的“龙头”之前，符合风水的要求，但是，由于这一带是燕雀湖（前湖）的湖身所在，地势十分低洼，朱元璋只好调集几十万民工来填平此湖。由于填湖需要大量的土石，故南京民间有“迁三山，填燕雀”的传说。还盛传在填湖过程中，朱元璋曾把住在湖畔的一个名叫田德满的老汉，活生生地投入湖中垫底，作为“填得满”的“吉兆”，后来又封他为“神”，地基问题才算基本解决。

为了避免地基下沉，当时曾经采取了在城墙下部铺垫巨石，以及在宫殿下面打进密集的木桩，并铺砌砖石结构的大型下水道等措施。然而，到了朱元璋晚年的时候，宫殿地基的下

宫城城垣基础下的木桩

沉现象已很严重。整个皇宫的地势，显出南高而北低。按照封建迷信的说法，这很不利于后代，甚至会“绝后”。然而，此时的朱元璋已经年老力衰，无能为力，只好在一篇《祀灶神文》中哀叹说：他本想再一次迁都，但已力不从心，只好听天由命了。

相传皇宫中有一条宽大的阴沟，直通外郭土城外。据明代马生龙《凤凰台记事》记载：“宫中阴沟直通土城之外，高丈二，阔八尺，足行一人一马，以备临祸潜出，可谓深思远虑矣。”因此，有一种说法，明朝建文帝朱允炆在他的叔叔朱棣发动“靖难之役”，攻入南京城后，就是通过宫中的阴沟出逃的，至今建文帝的下落仍是一个未解之谜。

沈万三与聚宝门

明朝南京城13座城门个个都有故事，其中最具传奇色彩的莫过于沈万三与聚宝门的故事了。

沈万三是何许人也？我们翻阅正史和野史笔记，发现沈万三是明代初年朝野闻名的人物，历史上确有其人。且不说中国二十四史之一——《明史》中的《太祖孝慈高皇后传》《王行传》《纪纲传》三次都提到了他，至于记载他的轶事和传闻的笔记就更多了。在《明史》里，他叫沈秀。在明朝孔迩《云蕉馆纪谈》和蒋一葵《长安客

沈万三

话》里，他叫沈万山。而在《周庄镇志》及各种墓志铭里，他还有沈富、沈万三秀、沈进等诸多名字。综合正史和野史笔记的材料来看，沈万三，姓沈，名富，字仲荣，因明初称大富豪为万户，而他恰好排行老三，故名沈万三。因富有资财，故又叫沈万山、沈进。又因为明代将百姓分为哥、畸、郎、官、秀五等，“秀”是最上等，故又有沈秀、沈万三秀之名。

沈万三原籍吴县，后定居金陵。他拥有的财富之多令人吃惊。史料记载，他“资巨万万，田产遍于天下”，“富甲东南”，“后湖中地，乃其花园”，是元朝末年“江南第一富家”。

明太祖朱元璋定鼎南京之初，国库空虚，而建造南京城需要巨额费用，于是，他将大部分费用摊派到江南富户的头上。相传沈万三首当其冲，他单独认捐了正阳门（今光华门）至三山门（今水西门）段的城墙。但沈万三好大喜功，朱元璋主持修筑的南京城西北面还没筑好，沈万三负责修筑的南京城东南面就提前竣工了，搞得朱元璋很没面子。据明朝田艺蘅《留青日札》记载，沈万三提前筑完城墙还不过瘾，又主动提出为朱元璋犒赏三军。朱元璋说：“朕有军百万，汝能遍及之乎？”哪知道沈万三爽快地答道：“愿每军犒金一两。”朱元璋说：“此虽汝好意，然朕不须汝也。”朱元璋嘴上这么说，心里却暗藏杀机。因当年在与吴王张士诚交战时，吴地富商百姓对张士诚倾囊相助，这使他对江南富商恨之入骨，如今沈万三又这么高调，引得他多次想杀掉沈万三。这事在《明史·太祖孝慈高皇后传》中也有记载："吴兴富民沈秀者，助筑都城三之一，又请犒军。帝朱元璋怒曰：'匹夫犒天子军，乱民也，宜诛。'"马皇后劝朱元璋说，这人虽然富可敌国，可也没做什么违法乱纪的事，还是让他自生自灭的好。但朱元璋总不甘心，最后还是找个借口把他流放到云南去了。

聚宝门，民间俗称为南门，民国以来称中华门。它地处南京城南交通咽喉要道，前临外秦淮河，后依内秦淮河，南北两侧以长干桥和镇淮桥贯通，是南京城的南大门。

聚宝门始建于五代十国时期的杨吴天祐十四年（917），系杨吴傀儡皇帝杨溥在位时，昇州防遏使兼楼船副使徐知诰（后来的南唐先主李昇）所建，后来成为南唐都城的正南门。南宋时又加固了城墙，仍称为南门。元朝时期沿袭旧制，无所损益。朱元璋在南京建立明朝前后，于1366—1393年扩建了南唐、宋、元以来的南京城，将原来的南门改名为聚宝门。

传说朱元璋在建造南门（聚宝门）时，城墙屡建屡坍。大臣刘伯温献上一计，要朱元璋借用沈万三家祖传的聚

中华门鸟瞰图（DJ.Ben 摄）

宝盆。朱元璋用计强行征借，把它埋在第一道瓮城东面的墙下，并建塔于其上，这样南门很快就修好了，于是南门也就更名为聚宝门了。但也有史料记载，朱元璋将南门改名为聚宝门是因为南门正对城南的聚宝山（今雨花台）。

沈万三与南京城墙的关系，还可以从明代兰陵笑笑生《金瓶梅》中潘金莲的一句口头禅——“南京沈万三，北京枯树湾。人的名儿，树的影儿”中得到验证。此话的意思是说，任何事情都是客观存在的，正像南京沈万三有名气，北京枯柳树有影子，想要掩盖也掩盖不了。沈万三真可谓名播大江南北，妇孺皆知。《金瓶梅》作者借潘金莲之口，说出了江南富商沈万三，曾经捐资建造南京城；而枯树湾是北京地名，传说那地方曾埋藏有大量金钱，挖出后被用来建明代北京城。

沈万三是怎样发家致富的呢？这一直是个谜。流传最广的说法是他无意中得到一个聚宝盆。据清朝周人龙《挑灯集异》记载：

明初沈万三微时，见渔翁持青蛙百余，将事锉刳，以镪买之，纵于池中。嗣后喧鸣达旦，贴耳不能寐，晨往驱之，见蛙俱环踞一瓦盆，异之，将归，以为浣手器。万三妻偶遗一银钗于盆中，银钗盈满，不可数计，以钱银试之亦如是，由是财雄天下。

这段史料翻译成现代语言，意思是：沈万三当年贫穷时，见一渔夫携蛙百余，将要宰杀，他便花钱买了下来，丢入池中放生。随后，他听到蛙鸣通宵达旦，吵得他难以入睡，早晨起来，前往观看，只见群蛙环聚在一个瓦盆内，他感到很奇怪，于是便将瓦盆带回家，用作洗手盆。有一次，他妻子不慎将一根银钗掉到盆里，不一会儿竟然变得满满一盆都是银钗，数不胜数，将银钱投入盆中也是如此，因此富甲天下。

关于沈万三致富，比较可信的记载是，沈万三是由耕田种地起家，再通过经商致富的。他是一个典型的大地主兼商人。除了地租和高利贷收入外，他还进行海上贸易，经常奔走于徽州、池州（今贵池）、太平府（今当涂）、常州、镇江之间，辗转贸易，获金数百万，所以致富（孔迩《云蕉馆纪谈》）。历史学家吴晗先生也说：“苏州沈万三之所以发财，是由于作海外贸易。”而聚宝盆则是民众想象中的事物。在修建南京城墙聚宝门的故事中，加入了聚宝盆这一神奇的宝物，突出了南京城墙修建的不易，揭示了朱元璋的狡诈和冷酷无情，表达了百姓对沈万三不幸遭遇的同情。

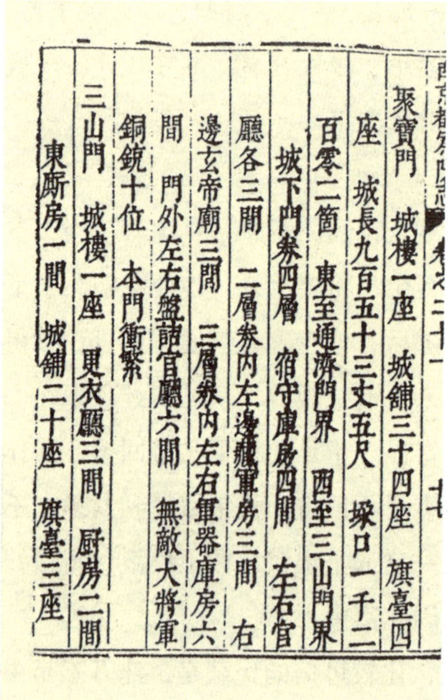
南京都察院志　卷之二十一　十七
聚寶門　城樓一座　城鋪三十四座　旗臺四座　城長九百五十三丈五尺　垜口一千二百零二箇　東至通濟門界　西至三山門界　城下門券四層　宿守庫房四間　左右官廳各三間　二層券内左邊藏軍房三間　右邊玄帝廟三間　三層券内左右軍器庫房六間　門外左右盤詰官廳六間　無敵大將軍銅銃十位　本門衝繁
三山門　城樓一座　更衣廳三間　厨房二間　東廝房一間　城鋪二十座　旗臺三座

明朝《南京都察院志》中有关聚宝门的记载

前文已述，聚宝门平面呈长方形，东西宽 118.5 米，南北长 128 米，占地面积 15168 平方米，高 20.45 米。有三道瓮城，以四层拱门贯通。聚宝门上、下两层分布有 13 个藏军洞，加上东、西两侧登城步道（又称马道）

下方的14个藏军洞，共计27个，可藏兵3000余人。这些藏军洞在战争期间用以贮备军需物资和埋伏士兵。聚宝门东、西两侧筑有登城步道通往城墙之上，既可用于运送军需物资，也可供守城官兵策马直登城头。

聚宝门原本是单孔拱券门。1927年国民政府定都南京，1928年将聚宝门更名中华门。随着南京城市人口急剧增长，交通日趋繁荣，仅有一个通道的中华门显然难以适应现代城市发展的需求。1933年，为改善城

民国时期的中华门

中华门瓮城入城处

南交通状况，南京市政府在中华门东、西两侧增辟城门各一，分别命名为中华东门和中华西门。

20世纪80年代以前，聚宝门常年闲置，处于无人问津的状态。1980年正式开放后，在国家旅游局、南京市文物管理委员会、园林局及秦淮区人民政府等单位的指导和规划下，采用边开放、边维修、边完善内部设施的办法，相继设立了中华门史料陈列室、盆景园等，完成了瓮城四周居民和多家商店工厂的搬迁以及大量积土乱石的清运平整，全面整修了二层朝北墙体，并着力绿化、美化环境。

1983年，聚宝门以“中华古堡”的美称跻身新评“金陵新四十景”之列，沉寂经年的古城门重新焕发出夺目的光彩。1988年，聚宝门以“中华门城堡”的名称被国务院列为全国重点文物保护单位。1995年，结合中华路、雨花路改造，在聚宝门周围建成了中华门广场，新增绿化面积近万平方米，架设一批高杆照明宫灯和草坪灯。广场和镇淮东、西桥的建设，不仅改善了交通状况，而且美化了城门的外环境，使城门更显雄壮巍峨。城门与广场连为一体，相互衬托，相得益彰。

今天，经过多次修复的聚宝门，已成为南京一个别具特色的观光胜地，每年慕名而来的中外游客超过150万人次。他们在聚宝门上抚今思昔，流连忘返。

金川门燕王“靖难”

金川门位于南京城西北角，因金川河由此出城（旧有金川门涵洞），故名。该城门为单孔券门，坐南朝北，明代是交通要道。据《南京都察院志》记载：“金川门，西至钟阜门界，东至神策门界。计长七百三十五丈，垛口一千零五十座。旗台三座，城铺十七座，东边矼礤栅栏一座，西边水关一座。官厅、官房四十五间，鹿角八座，锁钥一副。”该门现已无存。

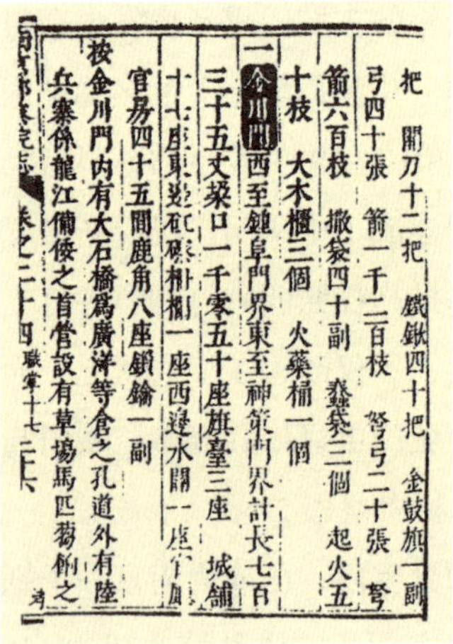
把　鬪刀十二把　鐵鍬四十把　金鼓旗一副
弓四十張　箭一千二百枝　弩弓二十張　弩
箭六百枝　撒袋四十副　𨥙袋三個　起火五
十枝　大木櫃三個　火藥桶一個
一金川門西至鍾阜門界東至神策門界計長七百
三十五丈垛口一千零五十座旗臺三座　城鋪
十七座東邊矼礤栅欄一座西邊水關一座官廳
官房四十五間鹿角八座鎖鑰一副
按金川門內有大石橋爲廣洋等倉之孔道外有陸
兵寨係龍江備倭之首營設有草場馬匹芻飼之
南京都察院志　卷之二十四　職掌十七

明朝《南京都察院志》中有关金川门的记载

明成祖朱棣

1398年，明朝开国皇帝朱元璋驾崩，因太子朱标早逝，皇太孙朱允炆登基，年号建文。建文帝为加强中央集权，采纳大臣齐泰、黄子澄的建议，推行削藩政策，先后削除五位亲王的爵位，这引起了分封北平（今北京）的皇四叔燕王朱棣（后来的明成祖）的不满。

1399年，朱棣以“诛齐黄”“清君侧”为名，发动“靖难之役”，带兵南下，公开造反。1402年，兵临南京城下，谷王朱橞和大将李景隆打开金川门，迎接燕王朱棣入城，京师遂陷落。此时，“宫中火起，（建文）帝不知所终”，燕王朱棣顺利夺取政权。

1403年朱棣登基后，在13座城门中，对金川门十分看重，专门委派他的妹夫、宝庆公主驸马爷赵辉担任金川门千户所的“千户”，统领士兵1200人。而赵辉担任这一职位，“凡事六朝”，长达64年，在我国历史上绝无仅有。

明末，金川门曾一度封闭。清朝光绪二十五年（1899），南京辟为商埠，中外商人纷至沓来，商业日渐繁荣。然而，由下关通往南京城内的江宁马路，漫长而又崎岖不平，出入南京城的交通极为不便。光绪三十三年（1907），时任两江总督端方上奏清政府，请求修建南京市内铁路，以沟通下关招商轮船码头（今南京港客运码头）与南京城南繁华地区的交通。经批准后，于当年阴历十月破土动工，次年十二月建成。宣统元年（1909）一月，全线通车，取名为“宁省铁路”。该铁路轨制、车辆均与1908年建成通车的沪宁铁路相仿。因其线路短、站距近、设施简单、行车速度慢，俗称“小

1898年法国人方殿华（盖拉蒂）绘制的《江宁府城图》中的金川门

铁路”或“小火车”。宁省铁路全长11.3公里（一说12.5公里），起自下关江边，跨惠民河，由金川门入城，经三牌楼、丁家桥、无量庵，沿北极阁南麓两江师范学堂（今东南大学）后墙，越珍珠河后，在今太平北路东侧南折，经过两江总督署（今总统府遗址）东墙外，到中正街（今白下路）止。宁省铁路的开通，极大地改变了南京城南北的交通状况，对于南京商埠的繁荣与发展起到了促进作用。

今天南京城内的铁路北街、铁路中街、铁路南街，就是当年的宁省铁路路基所在。相传当年修建宁省铁路时，在金川门洞内挖出一块石碑，上书“此路变成铁，

宁省铁路穿过金川门

大清江山灭”的谶语，当时修路工头不敢声张，以免招来杀身之祸，便砸碎石碑，扔进了金川河。说来也巧，没过几年，清朝就灭亡了。这一奇闻，至今仍为老南京人津津乐道。20 世纪 30 年代，金川门曾改名“三民门”。20 世纪 50 年代，金川门被拆除。

值得一提的是，在金川门北，与之遥相呼应的明代外郭城门因金川河流过，也以金川河命名，不过多了一个“外”字，叫作“外金川门”，这在明朝城门中是个特例。

神策门偷袭“成功”

神策门位于南京中央门立交桥东南角、玄武湖的西北角，是南京城的北大门之一。不远处是幕府山和长江，在军事上占有极其重要的地位。传说此门乃是明初刘伯温的神来之笔，故名“神策”。但事实上，其名源于明代驻扎此门的精锐禁军“神策卫”。据《南京都察院志》卷24《职掌十七·里十三门事宜》记载：“西至金川门界，东附后湖小门界，长九百九十五丈，垛

神策门外景，左为玄武湖（1956年摄）

郑成功（清朝黄梓绘图）

口一千五百五十九座。西有方垛六十四座，以镇后湖下沙。瓮城上方垛一百零八座，以映北固山。城楼一座，旗台二座，城铺十五座，左右矼礤栅栏二座，鹿角十座。左摆饭厅二间，厨房、茶房并脱衣厅八间，以备春秋阅城之用。内官住房八间，把总官厅三间，军余直房二间，月城一座，锁钥四副。自本门接连后湖小门界，东至太平门界，长一百丈，垛口一千座。”

清朝顺治十六年（1659）七月，郑成功抱着“灭清复明”的信念，率约20万大军从舟山群岛出师北伐，水陆并进，一路势如破竹，很快到达上海崇明。八月，水师至南京观音门，郑成功随即率领诸将从仪凤门（今兴中门）登陆，屯兵南京城下。从上海崇明赶来增援江宁城防的清军总兵梁化凤向郑成功提出，为了保住在北京家属的性命，必须守城到一定的时间内才能开门投降。郑成功中了梁化凤的缓兵之计，士兵们在等待清军投降的日子里，整日在南京城外无所事事，毫无防备，每日以纵酒、赌博、捕鱼为乐。梁化凤侦知情况后，为解南京之围，改被动防守为主动出击。他出其不意地打开神

神策门瓮城

策门，率清兵从神策门悄悄出城进行偷袭，大败郑成功军队。顺治皇帝为了庆贺这场胜利，下令将神策门更名为“得胜门”，但民间仍称为神策门。

南京城下的失败，迫使郑成功退回到福建。后来，郑成功眼见“灭清复明”的宏愿一时难以实现，为保存实力，遂渡海东征，率军从荷兰殖民者手中收复台湾，成为民族英雄。

1927 年国民政府定都南京后，认为南京城门名称大多含有迷信色彩，于 1928 年将神策门改名为“和平门”。次年，时任南京市长刘纪文函请立法院院长胡汉民题写门名。如今，在朝北一侧的外瓮城券门上仍保留

神策门外瓮城城门，门额改为和平门

着刻有“和平门”三字的条石匾额，左刻“胡汉民书”，右刻“民国十八年四月”。

20 世纪 30 年代中央门开辟后，美国亚细亚火油公司租用此地，将瓮城改成大型油库。后来日本人又在瓮城地下建起了油库，再后来又被国民党军队和中国人民解放军南京军区沿用为油库。也正因为如此，神策门有 80 年从未向公众开放，成为南京明城墙中最神秘的城门得以完整保存下来。

如今，进入神策门，人们会发现有两扇八九米高的大门，门外层包着厚度为5毫米的铁板，锈迹斑斑，显得黝黑沉重。而铁皮内，用来支撑大门的数十根粗大的木梁已经腐朽，尤其门下方的木头已经烂尽，其下方现在已用铁网罩上。这两扇门为清代的遗物，是南京明城墙仅存的大门，堪称是“古董级”的大门。

在神策门上，有一座清朝时期建造的城楼，这是目前南京明城墙上保存下来的唯一的一座城楼。城楼平面

神策门城楼今貌

呈长方形，建在一层石质平台上，四周有回廊，石质平台长 16.4 米，宽 11.2 米，高 0.3 米；城楼长 12.7 米，宽 7.3 米；回廊宽 1.8 米；石质平台距离城墙南、北两侧分别是 3.8 米和 14 米。城楼高两层，三开间，重檐歇山顶，砖木结构。

自 2001 年起，南京市人民政府和南京军区（今属东部战区）通力合作，迁走油罐，刷尽油污。南京市文物局和园林部门分别对神策门进行了城墙加固、城楼修缮以及绿化。其中 2001 年，南京市投入 3000 多万元，实施神策门公园一期工程建设；2004 年又投入 2000 余万元，实施神策门公园扩建工程；2004 年 10 月 1 日，神策门遗址公园正式对外开放。

西方人眼中的南京城墙

南京城墙自1366年开始兴建以来，迄今已经过去了650个春秋。650年间，许多外国传教士、使节、商人、军人、医生、教授、新闻记者和探险家等慕名来到南京，目睹巍峨壮丽的南京城墙后，无不发出由衷的赞叹。南京城经过他们的描述和传播，闻名全世界。其中，尤以意大利传教士利玛窦、葡萄牙传教士曾德昭（又名谢务禄）、荷兰探险家约翰·尼霍夫、英国将领吴士礼、德国前驻华大使埃尔温·维克特的描述颇具代表性。

利玛窦（Mathew Ricci，1552—1610），罗马耶稣会传教士。他于1599年乘船抵达南京，此后又两次来到南京。这时的南京已不再是明朝的京城，而是留都（又称南都）。尽管如此，南京作为中国乃至世界第一大城的地位并未改变。因此，利玛窦对于南京城产生了极其

意大利传教士利玛窦

美好的印象，他在《利玛窦中国札记》中写道：

论秀丽和雄伟……确实或许很少有其他城市可以与它匹敌或胜过它。它真正到处都是殿、庙、塔、桥，欧洲简直没有超过它们的类似建筑。

至于居住在城中的居民，他的感觉是“精神愉快”“彬彬有礼”“谈吐文雅”。他对层层环绕的南京城墙印象尤深，并且由内至外依次进行了详细地描绘：

其中第一层和最里面的一重，也是最华丽的，包括皇宫。宫殿依次又由三层拱门墙所环绕，四周是濠堑，其中灌满流水。这座宫墙长约四、五意大利里。……第二重墙包围着包括皇宫在内的内墙，囊括了该城的大部分重要区域。它有十二座门，门包以铁皮，门内有大炮守卫。这重高墙四周差不多有十八意大利里。……第三重和最外层的墙是不连续的……两个人从城的相反两反骑马相对而行，花了一整天时间才遇到一起。

明朝《南都繁会景物图卷》中的南京城（局部）

利玛窦关于南京的描述，通过《利玛窦中国札记》传播到西方世界，填补了元朝《马可波罗游记》中关于南京城记载的空白，堪称是目前所知的西方人对南京城最早、最为详细的记载。

17世纪初的葡萄牙人曾德昭（F.Alvarez Semedo，又名谢务禄，1585—1658）也曾来过南京，并将对南京的印象记录下来，传播到西方世界。

曾德昭是耶稣会传教士，1613年来到南京，在南京传教并学习中文。1616年，以驱逐西方传教士为目的的“南京教案”发生后，他被捕入狱，后被遣返澳门。1620年，他重入内地，历居杭州、嘉定、上海、南京、西安、广州，死后葬在澳门。

曾德昭比利玛窦首次到达南京的时间要晚14年。当时的明王朝已经是日薄西山，行将就木。但是，在曾德昭的眼中，明朝留都南京仍是一片盛世景象：

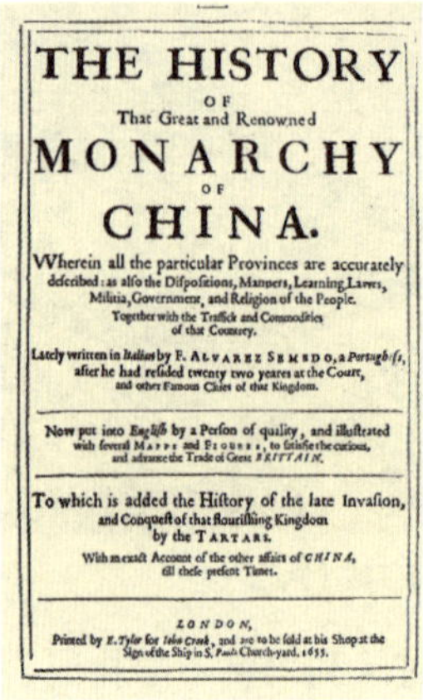
THE HISTORY
OF
That Great and Renowned
MONARCHY
OF
CHINA.
Wherein all the particular Provinces are accurately described: as also the Dispositions, Manners, Learning, Lawes, Militia, Government, and Religion of the People.
Together with the Traffick and Commodities of that Country.
Lately written in Italian by F. ALVAREZ SEMEDO, a Portughess, after he had resided twenty two yeares at the Court, and other Famous Cities of that Kingdom.
Now put into English by a Person of quality, and illustrated with several MAPPS and FIGURES, to satisfie the curious, and advance the Trade of Great BRITTAIN.
To which is added the History of the late Invasion, and Conquest of that flourishing Kingdom by the TARTARS.
With an exact Account of the other affairs of CHINA, till these present Times.
LONDON,
Printed by E. Tyler for John Crook, and are to be sold at his Shop at the Sign of the Ship in S. Pauls Church-yard. 1655.

曾德昭《大中国志》书影

我认为它是全国最大最好的城市，优良的建筑，宽大的街道，风度优雅的百姓，及丰富优良的种种物品。

……无数的宫殿、庙宇、楼塔及桥梁，使城市显得非常壮丽。城墙有 12 道门，用铁作闩，以炮防守；城外远处，有另一道完整无损的墙，其四周（因我想知道它的长度）是马行两日的路程。内墙 18 英里。两墙之间有很多住户、园林及开耕的农田，收获可供大约四万城内戍军的粮食。

南京的城市建筑设施，如皇宫、大报恩寺塔、天地坛、城墙、观象台等等，都使他大开眼界，叹为观止。

曾德昭有关南京的描述，从 17 世纪 40 年代开始，随着他撰写的《大中国志》一书被陆续翻译成西班牙文、意大利文、法文、英文等各种文字而传遍世界，成为西方人认知、了解中国乃至南京的又一扇窗口。

清朝取代明朝后的一段时间里，南京不再是都城，但辉煌依旧。我们从荷兰探险家约翰·尼霍夫（Johan Nieuhof，1618—1672）的笔下可以感同身受。1656年5月9日，供职于东印度公司的约翰·尼霍夫随同荷兰使团在去北京的途中路过南京。他们拜访了当地的满汉官员，参观了大报恩寺，并接受了耶稣会士的宴请，于18日离开南京北上。完成使命后，他们于当年11月21日再返经南京，12月10日继续南下。尼霍夫在南京创作了多幅图画，最著名的莫过于大报恩寺塔。1665年，

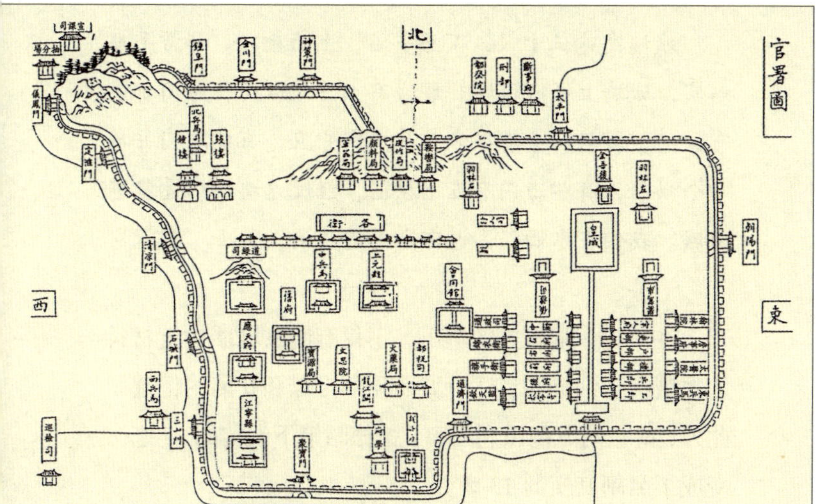

明朝官署图

约翰·尼霍夫

阿姆斯特丹书商梅尔斯出版了《尼霍夫中国游记》的荷文和法文版，引起轰动。以后《尼霍夫中国游记》的各种版本、译本层出不穷，成为欧洲人突破耶稣会的垄断，了解中国的另一个重要来源。

他在游记中是这样描写南京城墙的：

城墙高逾三十呎，下面垒石，上面砌砖。非常平整结实，城墙上还有垛堞。该城有十三座城门，每门都装有铁门，城门两旁有很多卫兵严密守卫。有些城门并排四个拱门，有些城门有五个拱门，经过这些拱门才能进出城。我们在水西门、也即水门前停泊。

在约翰·尼霍夫的笔下，不仅有南京城墙建筑材料和瓮城的详细描述，还有城墙顶部雉堞和女墙的记载。此外，南京内城门由利玛窦、曾德昭笔下误传的12座，变成了名副其实的13座。

在1853—1864年太平天国定都南京期间，英国将领吴士礼（Garnet Joseph Wolseley，1833—1913），曾于1861年3月随英国侵华舰队司令何伯考察长江沿岸，

并短暂探访天京。回国后，他根据自己的所见所闻，于1862年在伦敦出版了《1860年对华战争纪事》，其中写道:

南京的城墙古老而又宏伟，周长约18英里，但城内有建筑的地方不超过三分之一，三分之二是耕作地或供埋葬用的坟地。

城墙是砖砌的，在很多地段，其底部是砂岩。城墙平均高40—60英尺，厚度通常是40英尺。城的形状接近三角形，其尖端伸向长江。城内有小山脉，向西蜿蜒伸展，有些地段就紧靠着城墙。全城现有六座城门，每门有三道防御壁垒，纵深达100英尺。

水西门旧影

历史的车轮进入了20世纪，南京城墙在西方人眼中的印象并没有太大的改变。20世纪30年代曾经到过南京的德国前驻华大使埃尔温·维克特在其撰写的《约翰·拉贝其人》一文中写道：

紫金山、玄武湖和整个石城南京都为雄伟壮丽的城墙所环绕，这就是明朝开国皇帝下令建造的首都城墙，它是世界上最大、最长的城墙，据说有20万人参加建造，历时20年。它总长34公里，也有人说是40多公里，从北城门穿过城市到南城门有10公里之遥。在明朝皇帝下令建造城墙的时候，这座城墙的规模对当时的城市来讲是太大了，在那么长的城墙沿线上驻扎护城军队，简直要用掉全部的军力。南京尽管有引以为自豪的城墙，还是多次被攻破，数次被摧毁，最近一次是在1864年，在那之后，南京城就一直没有完全从大规模的毁灭中恢复过来。

他曾按照德国西门子公司驻南京办事处负责人约翰·拉贝的指点，独自一人在城墙上散步。他发现：

城墙约有16米高，顶部约有12米宽。仅城门就是一个巨大的要塞工事，它由数道前后排列的城门组成，各城门间都有内院，这样即使第一道城门被突破，敌人也会被第二道城门挡住，并被围困消灭掉。城墙的顶部相当宽，甚至可以两辆汽车并行还绰绰有余。原来的城墙保留下来的有三分之二，城墙蜿蜒几乎直通到扬子江边上。……站在城墙上可以俯瞰南京全貌，一切都遮蔽在青山绿水翠林碧野之中，几乎不见城池踪迹。

西方人对南京城墙的记述，尽管未必完全准确，但却从一个侧面说明了南京城墙在外国人心目中曾经享有的地位和荣耀。

民国时期的兴中门，1929—1930 年美国福克斯电影公司拍摄，南卡罗来纳大学收藏

历经磨难的明城墙

南京明城墙在600多年的时光之旅中，既拥有过旷世无双的辉煌，也经历过令人心碎的磨难。特别是进入19世纪中叶和20世纪后，南京明城墙前后三次遭遇的磨难，令人震惊，发人深省，耐人寻味。

太平天国时期的明城墙

1853年早春，南京城在太平军的围攻下岌岌可危。到了3月19日，太平军轰塌仪凤门（今兴中门）段城墙，攻入江宁城（今南京），大肆屠杀清军和满人，南京城血流成河。3月29日，太平天国天王洪秀全入城后，将江宁改称天京，并在此定都。为修筑天朝宫殿（天王府），太平军拆毁明故宫部分城墙。1864年，曾国藩麾下的湘军轰塌太平门段城墙，攻入天京（今南京）城，

太平天国后的明故宫午门

太平天国后的明故宫西安门

杀害太平军及平民达数十万人，南京城哀鸿遍野，血流成河。与此同时，清军焚毁天朝宫殿。清代文人何绍基写道："十年壮丽天王府，化作荒庄野鸽飞。"

清军与太平军在南京周围进行的长达11年的拉锯战，使南京城遭到毁灭性破坏。明城墙、明故宫以及明孝陵、大报恩寺塔、太平天国天王府等遭到不同程度的损毁，繁华的南京城从此失去了帝都的光芒。

南京保卫战中的明城墙

太平天国被镇压后不到100年，南京再次遭受到前所未有的浩劫，南京明城墙在日军侵华战争中再次遭到巨大的损毁。

1931年九一八事变爆发后，日本加快了全面侵华的步伐。国民政府为了加强首都南京的防御，在城墙内修建了许多防御工事，最为常见的就是暗堡。1937年12月，日军逼近南京。12月7日，侵华日军华中方面军司令官松井石根在签发的《攻占南京要略》中指出："若敌之残兵仍凭借城墙负隅抵抗，则以抵达战场之所有炮兵实施炮击，以夺占城墙。"在南京保卫战中，中国守军利用南京城墙奋勇抗战，谱写了一曲可歌可泣的英雄赞歌。南京城墙成为日军轰炸的重要目标，遭受到了前所未有的破坏。

清凉门至草场门段城墙上的暗堡射击孔

日军炮轰中华门

被日军毁坏的光华门

被日军毁坏的中山门

被日军毁坏的通济门

为了攻占中国的首都南京，消灭中国人民的抗战意志，日军各参战部队动用了飞机、坦克和迫击炮、山炮、榴弹炮、加农炮等重型武器，对南京城墙实施疯狂轰炸和炮击。其中重点对中华门段城墙、光华门段城墙、中山门段城墙以及通济门段城墙等进行了狂轰滥炸，炸塌、炸开多处城墙和城门。在南京城墙的墙体上，伤痕累累，布满了弹痕及弹坑。中国守军寡不敌众，南京城最终沦入日军之手。惨无人道的日本侵略者进入南京城后，进行了长达六个星期的、惨绝人寰的南京大屠杀，30 万无辜同胞惨死在日军的屠刀之下。

南京城墙见证了这一段悲壮的历史，如今成为爱国主义教育的重要场地。

中华人民共和国成立后的明城墙

1949 年，中华人民共和国成立，南京城墙获得了新生。然而，随着社会经济的发展和城市人口的增加，人们对城墙的潜在价值并没有足够的认识，加上天灾和人祸，南京城墙经历了有史以来最为严峻的一场考验。

1954 年的夏秋之际，南京遭受了连续两个多月的暴雨，长江水位居高不下，城内大范围积水，许多地段城墙因长时间浸泡在水中，接连发生崩塌事故，致使居民死伤31人（其中死亡3人）。1954年9月13日，南京市人民委员会决定：南京古城墙“除了有历史文物价值的有助于防空、防洪以及点缀风景的部分应予保留外，其余一律拆除”。

根据这一决定，史无前例的拆城风暴悄然而至。当时，南京市政府为抢险应急，决定成立临时拆城工程处，着手拆除存在危险的地段城墙；在有过往行人或住家的地段城墙下，搭建临时性遮挡通道，实行“以工代赈”。

石头城北段城墙拆除时的场景

中华门至集庆门段城墙中的人防工事入口处

客观地说，最初的南京拆城是局部的、有选择性的，工作进度也较缓慢。然而，到了1956年8月中旬，情况骤变。南京市因建设用砖需要，决定成立在市委城建部领导下的拆城小组（由城建局、建筑工程局、房地产局、施工管理处四单位组成，以城建局为组长），要求有多少力量拆多少砖，由拆城小组统一领导，分工拆除。至此，大规模拆城工作陆续开展起来。时任江苏省文化局副局长朱偰于同年9月23日在《新华日报》上发表《南京市建设部门不应该任意拆除城墙》一文，对拆除城墙提出异议，暂时遏制住了拆城的势头。但是到了1958年，全国掀起“大跃进”运动，拆城行动不仅没有停止，反

太平门一带城墙拆除时的场景

而出现了扩大化现象，太平门、通济门、金川门、三山门、定淮门、兴中门、钟阜门、光华门等都在这段时期遭到拆除。

1966—1976年的十年“文革”中，南京城墙遭到程度不等的破坏。为了备战备荒、“反帝反修”，在全国范围内开展了“深挖洞，广积粮，不称霸”的运动。当时出于防空战备的需要，在城墙内开挖防空洞，利用城墙构筑工事，在一定程度上给城墙造成了严重的破坏。由于十年动乱时期南京城墙长期处于“失控”状态，致使城墙上草木丛生，墙体渗水严重，城墙鼓胀、开裂、剥落，甚至坍塌现象屡见不鲜。直到20世纪70年代末，南京城墙才度过历史上的低潮时期，其潜在价值引起世人的广泛关注，从而焕发出新生。

走向世界文化遗产的南京明城墙

1934年，著名文学家朱自清先生游历南京后，写下了《南京》一文，其中写道："逛南京像逛古董铺子，到处都有些时代侵蚀的遗痕。你可以摩挲，可以凭吊，可以悠然遐想……"南京城墙堪称是南京这个"古董铺子"中熠熠生辉的金色项链。

如今，经历了600多年风雨沧桑的南京城墙，其功能已经实现了由实用型向文物型，再向文化遗产型的转变；其性质也由过去的军事屏障，演变成为当代人休闲娱乐观光的场所。城墙与城市居民的生活水乳交融，密不可分，人们爱护城墙就像爱护自己的眼睛。20世纪末以来，南京市相关部门先后制定、公布了《南京城墙保护条例》《南京城墙保护管理办法》，编制了《南京城墙保护规划（2008—2025）》《明故宫遗址保护总体规划》，成立了南京市明城垣史博物馆、南京城墙保护管理中心，南京城墙在当代得到了从法律层面到执行层面的立体保护。南京城墙的保护范围和控制地带也已经明确，并且写入了相关文件中。目前的保护范围：城墙内侧为 15 米；外侧有护城河的地段，从护城河向外延伸 15 米，无护城河段保护范围仍为 15 米。从保护范围向外延伸设立不少于 50 米的建设控制地带。

与此同时，南京城墙本体修缮和周边环境整治工作也在有条不紊地展开。自 2014 年青奥会后，南京城墙全线 7 个段落 22 公里（不含涉军 3 公里）全面开放，向市民大众展示其独特的魅力与风采。

（1）太平门——富贵山登城口——中山门

该段城墙建在紫金山余脉富贵山之上，濒临琵琶

修葺后的前湖段城墙

集庆门至长干门段明城墙

湖、前湖，依山傍水，风景秀丽，堪称是南京城墙精髓之所在。保存长度约 3.7 公里，目前近 3 公里的城墙因紧邻军事单位和海军指挥学院而未能开放。周边景点丰富，如紫金山、中山陵、明孝陵、琵琶湖、中山植物园等。

（2）中山门——标营门——光华东门通道

现存长度约 2 公里，可远眺紫金山，近赏月牙湖。周边景点有南京博物院、月牙湖公园等。

（3）东水关——武定门——雨花门——中华门——长干门——集庆门

修缮后长度约 6.5 公里，外秦淮沿城环绕，内秦淮横贯东西。周边景点丰富，如东水关、白鹭洲、夫子庙、

修葺后的石头城段城墙

老门东、大报恩寺、愚园等。

（4）清凉门——石头城——国防园（免费开放段落）

现存长度约 1.1 公里，周边景点有清凉山公园、石头城、国防园等。

（5）定淮门——华严岗门——挹江门——兴中门（免费开放段落）

现存长度约 4.2 公里，周边景点有小桃园、八字山、阅江楼、狮子山、天妃宫、静海寺等。

修葺后的华严岗门至定淮门段城墙

修葺后的和平门外遗址公园

九华山至太平门段城墙

（6）钟阜路——中央门（免费开放段落）

城墙为断续存在，总长度约1.6公里。

（7）神策门——玄武门——台城（解放门）——九华山公园

该段城墙因形随势而建，现存长度约6公里，是南京城墙山水城林融为一体的杰出代表，是欣赏湖光山色的绝佳地点，周边景点有玄武湖、鸡鸣寺、九华山等。

经过科学的维修保护和卓有成效的环境综合治理后，南京明城墙保存了原有的历史文化底蕴，展现出更加迷人的魅力，如同一条瑰丽精美的“项链”，将南京独特的资源禀赋和人文景观串联起来，成为古都南京一道亮丽的风景线和一个独特的城市地标。

早在1982年，南京城墙就分别被南京市人民政府和江苏省人民政府列为南京市和江苏省文物保护单位。1988年，南京城墙又被国家文物局列为全国重点文物保护单位。2006年12月15日，江苏“南京城墙”与陕西“西安城墙”、湖北“荆州城墙”、辽宁“兴城城墙”组合成“中国明清城墙”，被列入《中国世界文化遗产预备名单》，这是南京明城墙向世界文化遗产行列迈进的可喜的一步。2009年，湖北“襄阳城墙”和浙江“临海台州府城墙”先后申请加入联合“申遗”项目。2011年5月，国家文物局启动《中国世界遗产文化预备名单》更新工作。2012年，安徽“寿县城墙”、安徽“凤阳明中都皇城城墙”也陆续申请加入联合“申遗”项目。

2012年10月22日，由江苏省南京市的南京城墙、辽宁省兴城市的兴城城墙、浙江省临海市的台州城墙、安徽省寿县的寿县城墙、安徽省凤阳县的明中都皇城城墙、湖北省荆州市的荆州城墙、湖北省襄阳市的襄阳城墙、陕西省西安市的西安城墙8座明清城墙联合组成的“中国明清城墙”项目被国家文物局列入更新后的《中国世界文化遗产预备名单》。此后，河北宣化、河北正定、福建长汀、河南开封、广东肇庆和安徽歙县 6 地也相继加入“申遗”活动中。各“申遗”城市除了共同成立中国明清城墙联合申遗办公室外，还纷纷成立了各自“申遗”工作领导小组和“申遗”办公室。更为重要的是，由南京大学文化与自然遗产研究所所长贺云翱先生牵头的《中国明清城墙申报世界文化遗产文本》也已于 2016 年 3 月完成编制工作。

我们衷心希望，在不远的将来，经过各方面的共同努力，南京明城墙能够成为世界文化遗产大家族中的一员。

后 记

我从事南京城墙的保护、研究与管理工作将近30年，出于职业的需要和个人的兴趣，我几乎走遍了南京城墙（包括浦口城墙）的每个角落，搜集了许多有关南京城墙的资料，拍摄了大量的南京城墙图片，也撰写了一些与南京城墙有关的作品。

早在2007年夏天，我有幸受到南京出版社的邀请，与杨国庆先生一起撰写《南京城墙史话》一书。此书是“文化南京丛书”中的一种，出版后，以其雅俗共赏的文风、深入浅出的笔触、丰富多彩的史料和图片，受到各界好评。

一晃将近十年过去了。2016年夏天，我有幸再次受到南京出版社朱天乐主任的邀请，撰写“南京地标”丛书中的《旷世城垣——南京明城墙》一书。我感到这既是对我的信任，更是对我的期待。为了写好这部作品，我花了一年时间，除了查阅核实相关文献史料、借鉴近年来学界最新成果外，还将自己这些年来的研究成果和搜集的新资料、新图片，一并融入书中，以确保这部作品既有历史的厚重感，也有时代的新鲜度。

在此，我要感谢南京城墙保护管理中心主任郑孝清、常务副主任严文英、书记曹方卿，以及副主任马麟与陈启东诸位领导在本书撰写过程中给予的支持与关心；感谢夏维中先生、卢海鸣先生提出宝贵意见；感谢卢海鸣先生、DJ.Ben 先生等人提供的精美图片；感谢徐智博士、金连玉博士等人的认真校对；尤其要感谢 90 高龄的南京大学教授蒋赞初先生，他不仅仔细审阅了书稿，给予学术上的悉心指导，而且还为本书作序，给予鼓励和肯定。此外，还要感谢“南京城墙研究会”和“南京城墙保护基金会”对于本人的支持和鼓励 。

如今，以南京城墙为龙头的“中国明清城墙”申报世界文化遗产工作正在紧锣密鼓地进行之中，希望这部作品的出版能够有所帮助。

主要参考资料

1. [明] 礼部纂修:《洪武京城图志》，收入《金陵全书》，南京出版社 2011 年版

2. [明] 徐必达领修、施沛等协纂:《南京都察院志》，收入《金陵全书》，南京出版社 2015 年版

3. [明] 宋应星著，潘吉星译注:《天工开物》，上海古籍出版社 1993 年版

4. [明] 王士性著:《广志绎》，收入王士性著、周振鹤编校《王士性地理书三种》，上海古籍出版社 1993 年版

5. 蒋赞初著:《南京史话》，江苏人民出版社 1980 年版

6. 南京民间文学三套集成编委会编:《南京民间故事》，江苏古籍出版社 1990 年版

7. 季士家著:《明清史事论集》，南京出版社

1993 年版

8. 吴福林、王崇辉编：《南京的民间传说》，南京出版社 1996 年版

9. 王克昌、韦立平、杨献文编著：《明南京城墙砖文图释》，南京出版社 1999 年版

10. 国家文物局文物保护司等编：《中国古城墙保护研究》，文物出版社 2001 年版

11. 南京市政协文史（学习）委员会等编：《南京城垣史话》，南京出版社 2002 年版

12. 杨新华主编：《南京明城墙》，南京大学出版社 2006 年版

13. 朱明、杨国庆著：《南京城墙史话》，南京出版社 2008 年版

14. 杨国庆、王志高著：《南京城墙志》，凤凰出版社 2008 年版

15. 卢海鸣、邓攀编：《金陵物语》，南京出版社 2014 年版

16. 南京市博物馆编著：《南京文物考古新发现》（第三辑），文物出版社 2014 年版

17. 南京市博物总馆、南京市考古研究所编著：《南京文物考古新发现》（第四辑），文物出版社 2016 年版

18. 杨富巍、张秉坚、潘昌初、曾余瑶：《以糯米灰浆为代表的传统灰浆——中国古代的重大发明之一》，《中国科学 E 辑：技术科学》2009 年第 1 期

19. 贺云翱、陈思妙：《“中国明清城墙”体系下的南京城墙突出普遍价值分析》，《古都南京》2016年6月版（总第22期）